이지파이썬 1

이지파이썬 1

1판1쇄 발행 | 2024년 9월 1일
지은이 | 한국인공지능아카데미
펴낸곳 | 클라우드북스

QA | 이은영
교정 | 이유진
편집 | 문유라
출판신고 | 2012년 4월 17일
출판등록 | 313-2012-124
주소 | 서울 마포구 월드컵북로 361, 602호
이메일 | cloud@cloudbooks.co.kr
사이트 | www.cloudbooks.co.kr
페이스북 | www.facebook.com/cloudbookskorea
팩스 | 0303-3445-2260

제작 | 한영문화사
용지 | 신승INC

ISBN 978-89-97793-27-3 14000

이 책에 실린 모든 내용, 아이디어, 편집구성의 저작권은 (주)한국인공지능아카데미와 클라우드북스에 있습니다.
본사와 저자의 서면허락없이는 책 내용의 전-체나 일부를 어떠한 형태나 수단으로도 이용하지 못합니다.
이 책이 무단 게재되거나 스캔본이 유통되는 경우 출판사나 한국저작권보호원에 신고해주시기 바랍니다.
한국저작권보호원 불법복제 신고 연락처 : 02) 3153-2779, https://www.copy112.or.kr
잘못된 책은 구입하신 서점에서 바꾸어 드립니다.
책값은 뒤표지에 있습니다.

Copyright 2021 all right reserved / 상표권등록 2024.01

이지 파이썬 1
EzPython

한국인공지능아카데미 지음

 클라우드북스

머리말

EZ 파이썬에 오신 여러분을 환영합니다.

지금 우리는,
인공지능을 비롯한 4차 산업혁명의 기술들이 급격하게 발전하면서
우리의 생활과 산업을 변화시키고 있는 것을 목도하고 있습니다.

이러한 급격한 변화의 핵심에는 프로그래밍이 자리 잡고 있습니다.
프로그래밍은 단순히 코드를 작성하는 기술을 넘어서,
우리의 생각과 아이디어를 현실로 구현하는 가장 강력한 도구가 되었습니다.

여러 프로그래밍 언어 중에서 특히 파이썬 언어는
인공지능, 빅데이터, 사물인터넷, 자율주행, 자동화 등의 분야에서
필수적인 언어로 자리매김하고 있습니다.

4차 산업에 근간이 되는 파이썬 프로그래밍 언어를 공부하는 것은
기술의 시대에 발맞추어 개인의 경쟁력을 향상시키고
창의적이고 혁신적인 일에 다가갈 기회를 잡는 것입니다.

이지파이썬 시리즈가 여러분을 프로그래밍의 세계로
즐겁고 쉽게 인도하게 되기를 바랍니다.

이 시리즈의 제작 주체인 한국인공지능아카데미는
2018년 설립된 이래로 인공지능 교육을 전문으로 해왔습니다.

유수의 대기업 AI 연구소를 대상으로 한 AI 실무교육,
기업이나 공공기관 임직원 등 정책 결정자들을 위한 교육,
AI 대학원 위탁 교육, 특성화고 AI 관련 학과의 인공지능 취업 교육,
S시 교육특구 사업으로 초등학생 대규모 온라인 파이썬 교육 등
다양한 영역의 인공지능 교육을 시행하면서 노하우를 쌓아 왔습니다.

다양한 대상을 교육하면서 탄탄한 기초의 중요성을 실감하였으나
파이썬 특유의 직관성과 쉬운 난이도로 인해
오히려 파이썬의 기초가 소홀히 다뤄지는 경우가 많다고 느꼈습니다.

이에, 개념 이해와 꼼꼼한 기초 쌓기에 중점을 둔,
이지파이썬 시리즈를 출시합니다.

이 책은 프로그래밍 초보자를 대상으로 합니다.
성인들도 학생 시기에 프로그래밍을 접하지 못한 경우가 대부분이기에,
프로그래밍은 누구에게나 처음이나 마찬가지입니다.

이지파이썬 시리즈가
부모님과 자녀가 함께 즐겁게 파이썬을 공부할 수 있는 책으로,
처음 프로그래밍을 배우는 비전공자 및 초보자들을 위한 교재로,
AI에 관심있는 누구나 쉽고 빠르게 배울 수 있는 가이드로
잘 활용되기를 바랍니다.

- 한국인공지능아카데미 일동 -

이 책의 구성

각 장은 다음의 순서로 구성됩니다.

 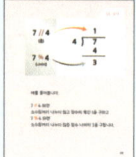

개념 이해
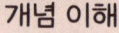
개념을 그림과 설명으로 이해해요.

 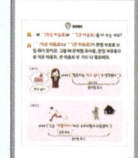

핵심 요약
한 눈에 핵심을 파악해요.

코드 실습
개념을 코드로 풀어서 실습해요.

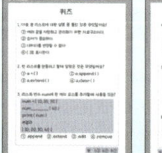 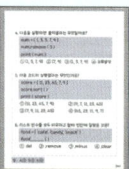

퀴 즈
퀴즈를 풀면서 내용을 복습해요.

미 션
스토리텔링 미션을 풀면서
파이썬으로 일상의 문제들을
해결해 봅니다.

도우미 사이트

www.pyrun.kr 사이트에서 책의 실습 코드를 따라 연습해보세요. pyrun은 웹에서 바로 파이썬을 사용할 수 있는 **파이썬 연습장**으로, 한국인공지능아카데미가 만든 **무료 오픈소스 사이트**입니다.

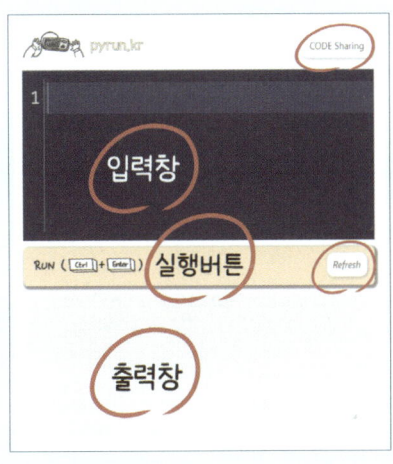

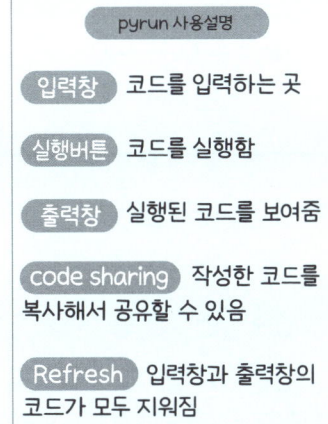

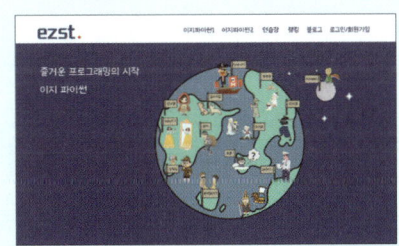

파이썬 실력 향상을 위해 더 많은 실습 코드와 더 많은 퀴즈, 미션을 준비한 **www.ezst.kr** 사이트입니다. 이지파이썬 책과 함께 보세요.

목 차

1권

	머리말	4
	이 책의 구성	6
	도우미 사이트 소개	7
01.	print ( )	10
02.	숫자	34
03.	문자열	60
04.	문자열 연산	92
05.	변수	110
06.	변수이름	162
07.	주석	182
08.	데이터 담기	196
09.	리스트	216
10.	리스트 연산	240
11.	튜플	254
12.	세트	280
13.	딕셔너리	302
	정답 (미션)	332

2권

	머리말	4
	이 책의 구성	6
	도우미 사이트 소개	7
14.	인덱싱	10
15.	슬라이싱	32
16.	range ( )	58
17.	bool	78
18.	내장함수	116
19.	input ( )	138
20.	조건문	154
21.	조건문 연습	182
22.	반복문의 종류	200
23.	while 반복문	212
24.	for 반복문 1	230
25.	for 반복문 2	252
26.	함수	270
	정답 (미션)	310

01.

print ( )

01. print( )

print ( )

파이썬을 시작하면서
가장 먼저 배울 파이썬의 코드는 바로
print ( ) 입니다.

01. print( )

print

영어 단어인 이 print는 이미 익숙하죠?

01. print( )

그러면, print라는 단어 뒤에 이렇게 괄호가 붙은 print ( )는 뭐가 다를까요?

01. print( )

print

'print' 하면 보통 종이에 뭔가 인쇄하는 게 생각나죠?

01. print( )

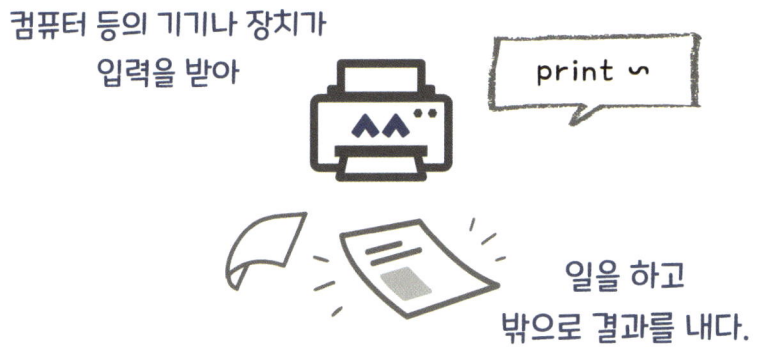

컴퓨터 등의 기기나 장치가
입력을 받아

일을 하고
밖으로 결과를 내다.

print, 즉 '출력하다'의 사전적인 의미는 뭘까요?

print_{출력하다, 출력}는
컴퓨터나 어떤 기기 / 장치가
입력을 받아 일을 하고
밖으로 결과를 내는 것을 말해요.

01. print( )

print

즉, 어떤 결과를 출력해서 보여달라고 할 때 우리는 이 print라는 단어를 사용합니다.

01. print( )

그럼 프로그래밍에서

print( )는?

그럼 프로그래밍에서 print ( )는 어떨 때 쓰일까요?

01. print( )

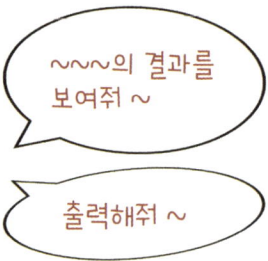

~~~의 결과를 보여줘 ~

출력해줘 ~

print처럼 print ( )도
어떤 입력에 대해 그 결과를 보여달라고 할 때
즉, 결과물을 출력해달라고 할 때 써요.

01. print( )

print

다만, print처럼 종이에 출력하는 것이 아닌

01. print( )

print ( )

모니터 화면에 보여달라는 겁니다.

파이썬 프로그래밍에서 print( )는
내 컴퓨터 화면에 실행 결과를 보여달라고
요청할 때 씁니다. '출력한다'고 하고요.

01. print( )

그리고 ( ) 괄호 안에는
출력하고 싶은 걸 넣어줍니다.

01. print( )

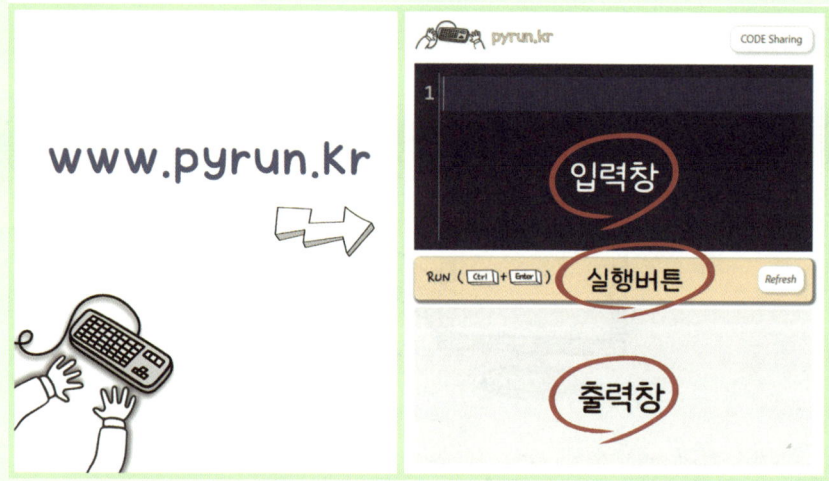

이제 pyrun.kr을 열고 실습해 봅니다. 파이런은 파이썬을 자유롭게 실습해보는 파이썬 연습장이에요.

입력창에 코드를 입력하고 실행버튼을 누르면 출력창에 결과가 나타납니다. Refresh 버튼을 누르면 모든 코드가 지워지고 새로고침됩니다.

More Tip
입력창과 출력창의 오른쪽 하단에 창 길이조절 버튼이 있어요.
삼각형 모양의 버튼을 클릭해서 아래위로 끌어 움직여보세요.

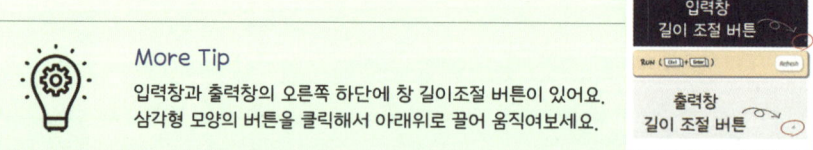

01. print( )

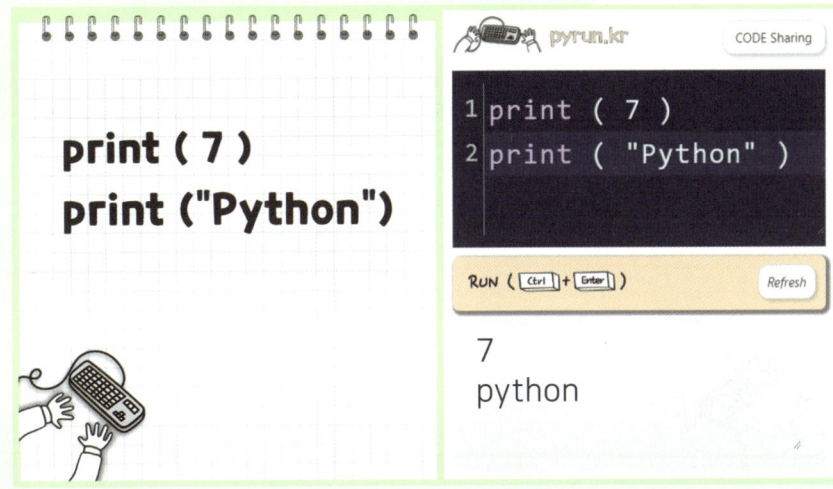

print (7)과 print ("Python")을 입력한 후 실행해 보세요.

숫자는 따옴표 없이, 문자는 따옴표를 했어요.
(2장 '숫자'와 3장 '문자열'에서 다시 설명합니다.)

More Tip
코드 입력시 코드와 괄호 사이는 띄어도 안 띄어도 됩니다.
또한, 괄호와 괄호안의 값 사이도 띄어도 되고 안 띄어도 됩니다.
예) print(3)과 print (3)은 같습니다.

01. print( )

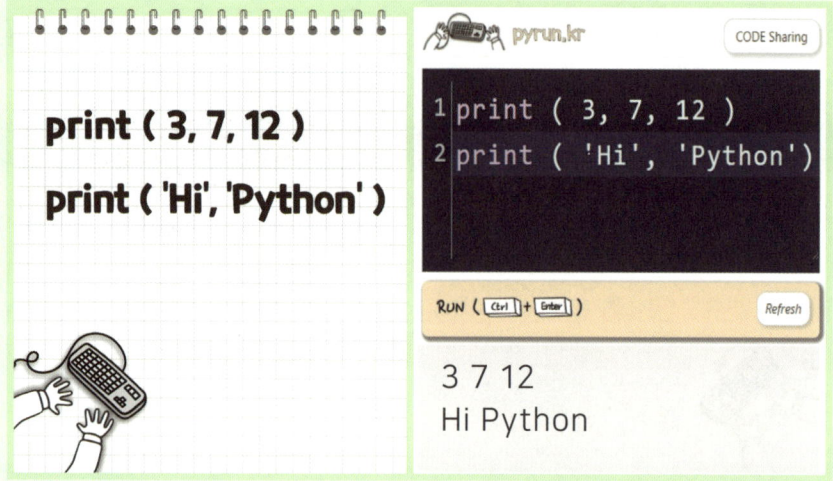

이번에는 하나가 아닌, 여러 개를 넣어볼게요.
print (3, 7, 12)
print ('Hi', 'Python')

실행해보면 쉼표 없이 출력되는 걸 볼 수 있어요.
쉼표는 각각의 값을 구분하는 역할만 합니다.
출력되지 않아요.

파이썬 연습장
pyrun.kr

01. print( )

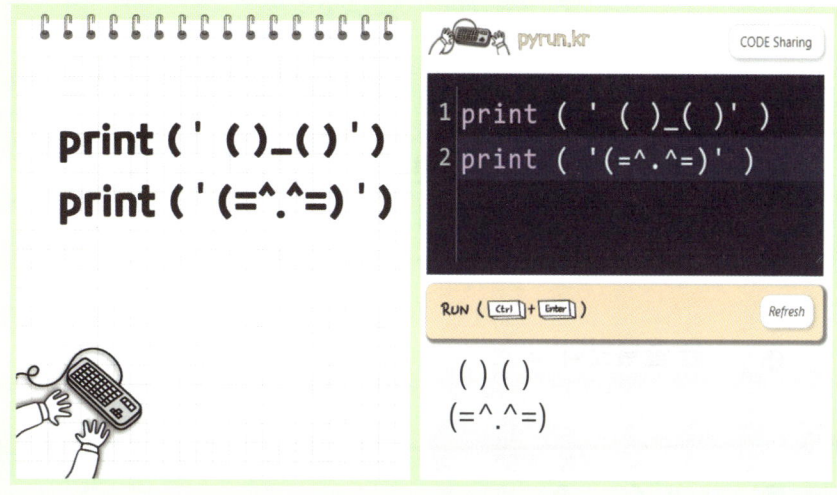

이번에는 숫자도 문자도 아닌, 기호를 입력해 봅니다.
기호나 특수문자도 따옴표로 묶어서 입력합니다.

따옴표 안에 넣은 기호나 특수문자는
마치 사진이나 이미지처럼,
입력한 대로 똑같이 출력돼요.

파이썬 연습장
pyrun.kr

01. print( )

핵심 요약

- print ( )는 내 **컴퓨터 화면**에 어떤 값을 **보여달라고 컴퓨터에게 요청할 때** 쓴다.

- '...을 **출력한다**'고 한다.

-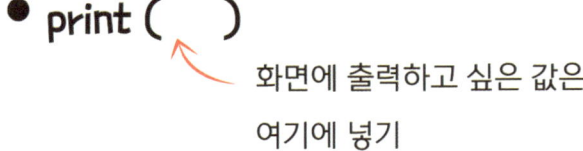
  화면에 출력하고 싶은 값은 여기에 넣기

코드 실습

pyrun.kr에서 다음을 각각 입력하고 실행해 보세요.

입력

print (3)

입력

print (57, 79)

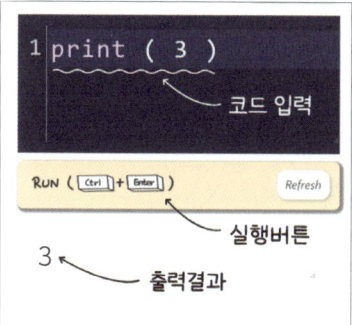

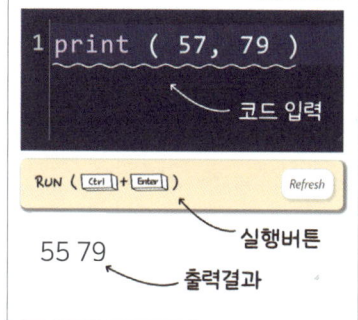

출력

3

출력

57 79

print ( )의 괄호 안에 3을 넣고 실행하니 3이 출력되었어요.

print (57, 79)에서 쉼표(,)는 출력되지 않아요. 값을 구분하는 역할만 합니다.

파이썬 연습장
pyrun.kr

01. print( )

입력	입력
print ('python')	print ("개", "고양이")

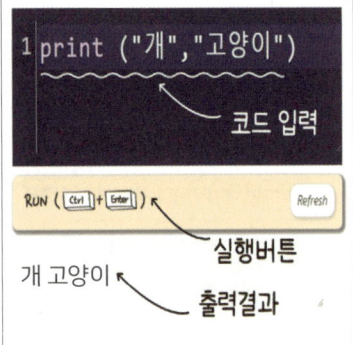

출력	출력
python	개 고양이

print ( )의 괄호 안에 문자를 넣을 때는 따옴표를 해줍니다. 3장 문자열에서 다시 다룹니다.

print ( ) 안의 문자 구분에도 쉼표(,)를 써요. 이때에도 쉼표는 출력되지 않고 값을 구분하는 역할만 해요.

파이썬 연습장
pyrun.kr

01. print( )

퀴즈

1. 내 컴퓨터 화면에 무엇인가를 출력해 달라고 할 때 쓰는 명령어는 무엇일까요?
   ① show   ② print   ③ tell   ④ result

2. 다음을 실행하면 어떤 출력 결과가 나올까요?
   print (1234)
   ① 1234   ② 1 2 3 4   ③ '1234'   ④ print (1234)

3. 다음을 실행하면 어떤 출력 결과가 나올까요?
   print (2030, 12, 25)
   ① 2030, 12, 25   ② 2030 12 25
   ③ '2030, 12, 25'   ④ print (2030, 12, 25)

4. 다음을 실행하면 어떤 출력 결과가 나올까요?
   print (3, 'dogs')
   ① 3, 'dogs'   ② 3 dogs
   ③ '3, dogs   ④ (3, 'dogs')

답   1.② 2.① 3.② 4.②

01. print( )

미션 ①

Welcome to Ez Land.

이지랜드에 온 걸 환영합니다~
    이상한 일이 마구 벌어지는 이지랜드는 당신의 도움이 필요해요.
    (우선 이지랜드 출입국에 별명을 써주고, 자기소개도 해주세요.
    print ( )를 사용해서 한 줄로 출력해보세요.)
    어서 등록을 마치고 와주세요~

print ('   ')

정답은 p.332에 있어요.

미션 ②

#내 취미를 소개할게.

시간이 날 때마다 하고싶은 뭔가가 있나요?
난 시간이 날 때마다 이걸 해요. 내 취미라고 할 수 있죠.

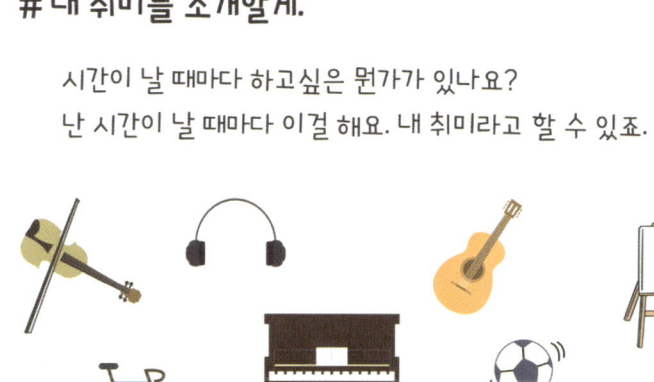

print (' 내 취미는 바로 ', '   ')

정답은 p.332에 있어요.

01. print( )

미션 ③

오늘 뭐 먹었더라...

오늘 아침 일어났을 때부터 지금까지 먹은 걸 모두 생각해보세요.
그리고, 제일 맛있었던 음식 혹은 반찬 3가지를 출력해보세요.

print ('   ' , '   ' , '   ')

정답은 p.333에 있어요.

01. print( )

미션 ④

금고를 지켜야 해

만수르 회장 집에는 큰 금고가 있는데,
어느 날 도둑이 금고 안의 돈을 모두 훔쳐갔어요.
얼마 전 만 회장이 주민등록증을 분실했다더니
거기에 금고 비밀 번호 힌트가 있었나 봐요. 이런...

도둑이 알아낸 금고 번호 8자리는 과연 뭘까요?
print( )를 써서 출력해 보세요.

내가 알아낸
비밀번호는 바로...

print (   )

정답은 p.333에 있어요.

02.

숫자

02. 숫자

파이썬은 데이터 분석과 인공지능 실무에서
가장 많이 활용되는 프로그래밍 언어입니다.

파이썬으로 숫자를 다루는 방식과
파이썬의 연산 기호들에 대해 알아봅니다.

02. 숫자

number

파이썬에서의 수_數_, number는
일반 수학에서의 수_數_, number와
다르게 표현됩니다.

02. 숫자

수학에서의 數 체계

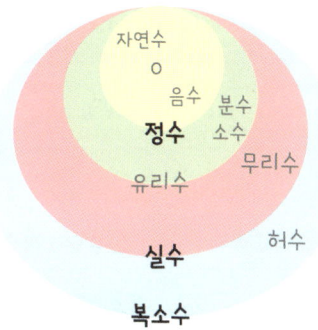

수학에서는 수를 이렇게 구분합니다.

자연수(양의 정수), 0, 음의 정수를 합해서 '정수',
정수, 분수, 소수를 합해서 '유리수',
유리수와 무리수를 합해서 '실수',
실수와 허수를 합해서 '복소수'라고 합니다.

More Tip
소수의 경우, 분수로 표현될 수 있는 소수는 유리수이고, 분수로 표현될 수 없는 소수는 무리수의 범주에 듭니다.

02. 숫자

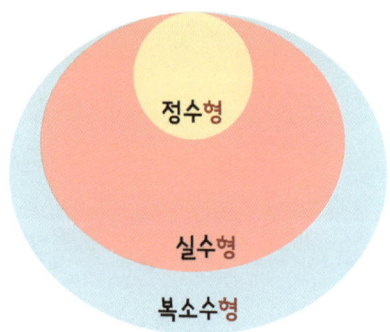

파이썬의 **數** 체계

정수형
실수형
복소수형

파이썬에서는 수학의 다양한 수 체계를
데이터 타입으로 표현합니다.

정수형, 실수형, 복소수형

파이썬은 이렇게 3가지 종류로 수를 표현합니다.

02. 숫자

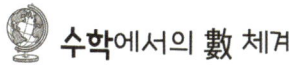 

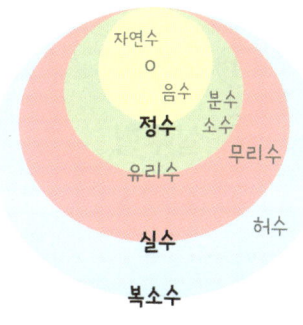 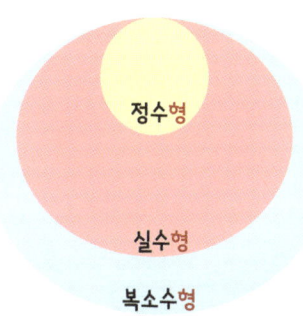

나란히 놓고 비교해 볼까요?
수학의 수 체계와 파이썬의 수 체계가 좀 다르죠?

수학에서의 수를
프로그래밍에 적합하도록 조정하고 표현한 것이
파이썬의 정수형, 실수형, 복소수형입니다.

More Tip
파이썬의 수 표현은 수학적 개념을 컴퓨터에서 실제로 구현하기 위한 근사치이거나, 혹은 특정 구현 방식에 따른 표현이므로, 수학적 정의와 완벽히 일치하지는 않아요.

02. 숫자

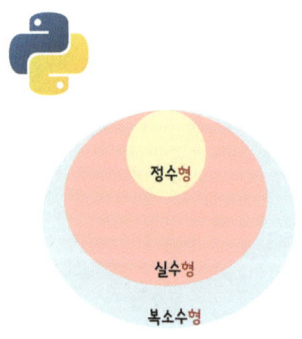

파이썬 number

① **정수형**
② **실수형**
③ 복소수형

이렇게 정수형, 실수형, 복소수형 중에서
이 책에서는 정수형과 실수형만 배웁니다.

More Tip

복소수는 수학 뿐 아니라 여러 과학 및 공학, 물리학 등 여러 분야에서 중요한 역할을 합니다. 데이터 분석이나 인공지능 프로그래밍에서 복소수형은 음악, 음성, 이미지 처리를 할 때 많이 사용됩니다. EZST 시리즈의 딥러닝 파트에서 다시 다룹니다.

02. 숫자

정수형	실수형
소수점 **없는** 수	소수점 **있는** 수
0 8 25 -379	0.0 12.0 3.14 -89.256

정수형은 소수점이 없는 수,
예를 들면 0, 8, 25, -379 등이고
실수형은 소수점이 있는 수,
예를 들면 0.0, 12.0, 3.14, -89.256 등입니다.

0도 소수점이 없으면 정수형이고
0.0처럼 소수점이 있으면 실수형입니다.

02. 숫자

type

정수형   **integer**

실수형   **float**

각각의 영어표현도 꼭 외우세요.
정수형은 integer인티저,
실수형은 float플로트라고 합니다.

More Tips
- 수학의 정수는 영어로 integer이고 파이썬의 정수형도 integer입니다. 그런데, 수학의 실수는 real number이고 파이썬의 실수형은 float입니다.
- 실수형(float)은 floating point number(부동소수점 수)의 줄임말로, IEEE 754 국제표준을 따른 표기법입니다. 실수(real number)를 표현할 때 소수점의 위치가 고정되지 않고 변경될 수 있는 방식을 설명하는 용어로, 수학의 실수와 프로그래밍의 실수형은 개념에서 차이가 있습니다.

02. 숫자

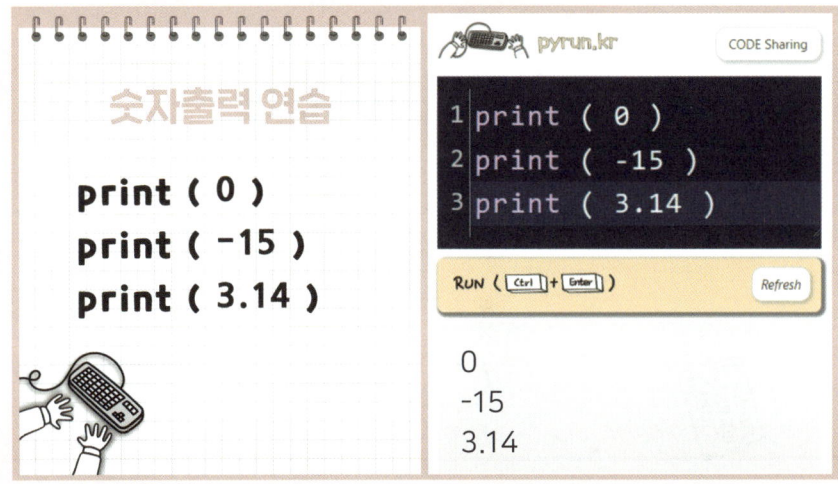

이제 파이썬 연습장 pyrun.kr에서
정수 0,
정수 -15,
소수점이 있는 실수형 3.14를 각각 출력해봤어요.

정수이든 실수이든 파이썬에서 숫자를 출력할 때는
이렇게 숫자 그대로 입력해주면 됩니다.

02. 숫자

파이썬의 사칙연산

+   더하기
−   빼기
*   곱하기
/   나누기

이번에는 파이썬의 사칙연산을 해봅니다.
더하기+ 빼기- 기호는 수학 기호와 같은데,
곱하기*와 나누기/ 기호가 좀 다릅니다.

곱하기는 특수문자 별표*를 곱하기 기호로 쓰고
나누기는 슬래시/로 씁니다.

More Tip
Q. 곱하기 기호와 비슷한 기호(x)가 키보드에 있는데, 왜 그걸 사용하지 않나요?
A. 키보드에 있는 x는 문자라서 기호로 사용하면 오류가 납니다. (다음 장에서 설명)

02. 숫자

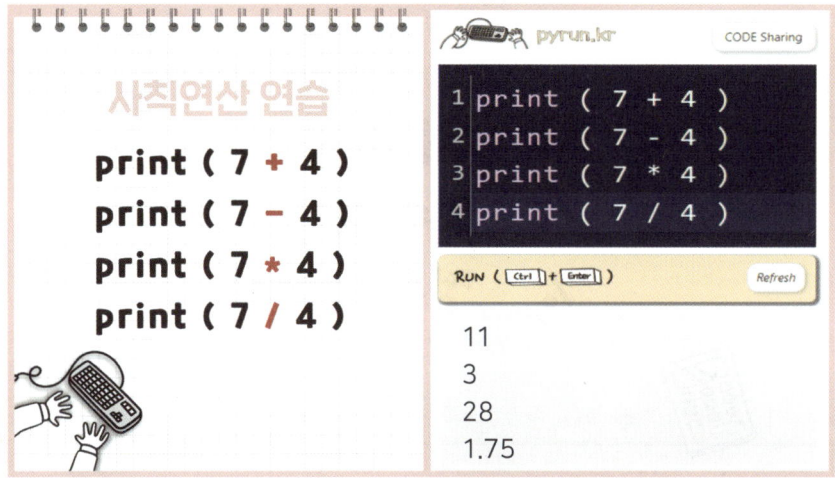

더하기, 빼기, 곱하기, 나누기를 실행해 보세요.

한 가지, 주의할 점이 있어요.
파이썬 나누기의 경우는 항상 소수점까지 출력합니다.

예를 들어, 8 나누기 4해서 답이 2가 되어도
2.0 이렇게 소수로 출력합니다.

02. 숫자

```
**    거듭제곱
//    정수 몫
%     정수 나머지
```

다른 기호들을 더 살펴봅니다.

**는 거듭제곱,
//는 나누기할 때 정수 몫,
%는 나누기할 때 정수 나머지를 구하는 기호입니다.

이건 파이썬의 약속이니까 외우도록 하세요.

02. 숫자

*   3 * 4 ➡ 3 x 4
(곱하기)

**   3 ** 4 ➡ 3^4
(거듭제곱)   **(3 x 3 x 3 x 3)**

별표 1개 *는 곱하기 기호이고
별표 2개 **는 거듭제곱 기호입니다.

3 * 4는 12이고, (3 x 4 = 12)
3 ** 4는 81입니다. (3^4 = 3 x 3 x 3 x 3 = 81)

02. 숫자

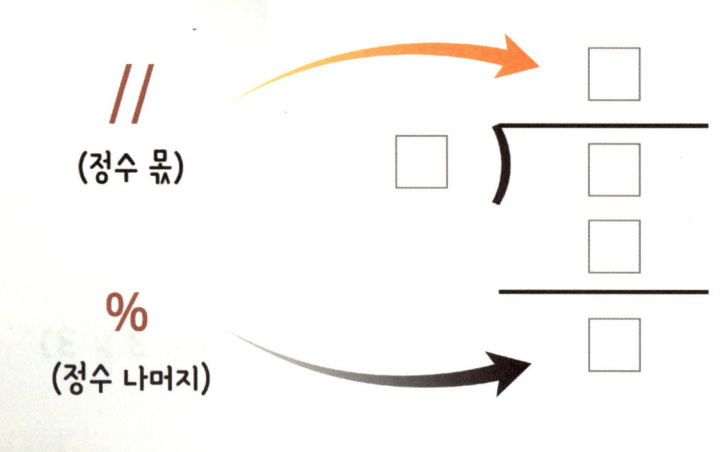

이번에는 몫과 나머지를 구하는 기호입니다.

나누기 /하면 기본적으로 소수점까지 출력되었어요.
슬래시 1개 /는 나누기인데,
슬래시 2개 //는 나눌 때 소수점까지 계산하지 않은
정수 몫을 출력해줍니다.

% 기호는 나누기할 때 정수 나머지를 출력해줍니다.

02. 숫자

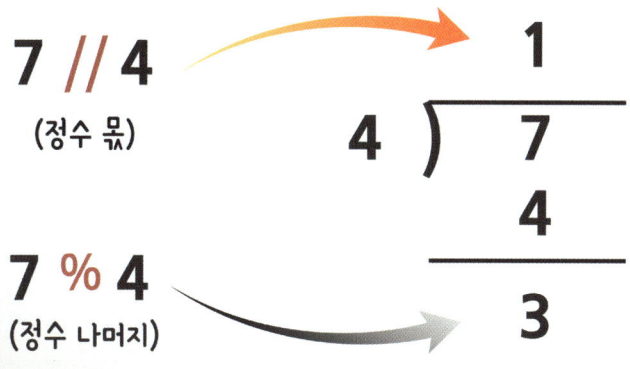

예를 들어볼게요.

7 // 4 하면
소수점까지 나누지 않고 정수의 몫인 1을 구하고

7 % 4 하면
소수점까지 나누지 않은 정수 나머지 3을 구합니다.

02. 숫자

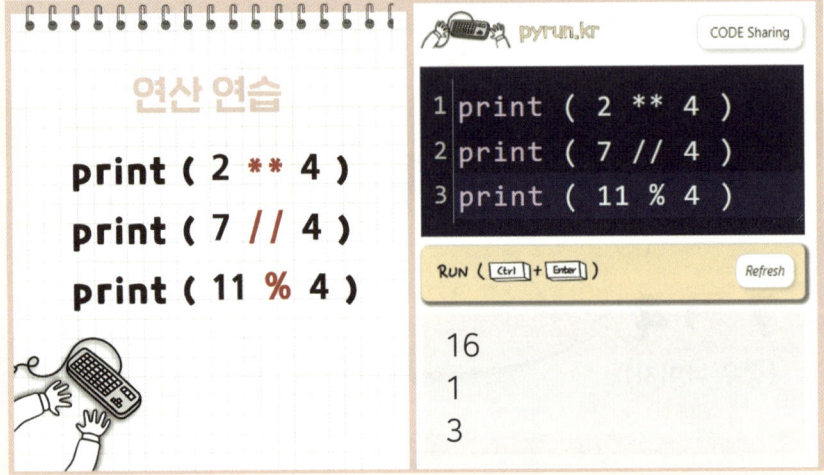

연산 연습

print (2 ** 4)
print (7 // 4)
print (11 % 4)

이번에는 거듭제곱, 몫과 나머지를 구하는 기호를
연습해 봅니다.

//과 % 기호의 의미를 잘 생각해보세요.
조건문에서 자주 사용되는 중요한 기호입니다.

02. 숫자

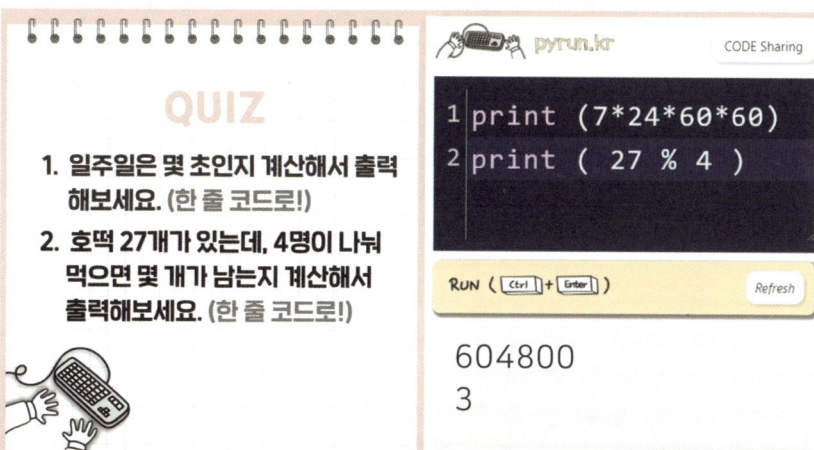

이번에는 퀴즈를 풀어볼게요. 다음 힌트를 참고해도 좋아요.

1번 문제 힌트.
일주일은 7일, 1일은 24시간, 1시간은 60분, 1분은 60초입니다.

2번 문제 힌트.
나머지를 구할 때는 % 기호를 씁니다.

02. 숫자

핵심 요약

수학에서의 數 체계

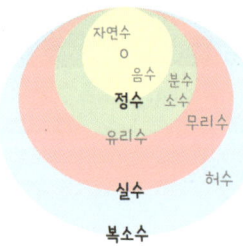

수학에서 수(數)는 자연수, 정수, 유리수, 무리수, 복소수 등으로 분류하는데,

파이썬의 數 체계

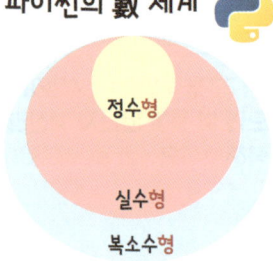

파이썬에서 수(數)는 정수형, 실수형, 복소수형으로 분류합니다.

파이썬의 숫자는?

정수형 integer : 0, 1, 24, -1, -3
실수형 float   : 0.0, 3.14, -9.8
복소수형 complex numbers

- 정수형과 실수형의 차이 : **소수점**의 유무
- 똑같은 0 이라도 0은 정수 / 0.0은 실수

02. 숫자

파이썬의 연산 기호

+	더하기
-	빼기
*	곱하기
/	나누기
**	거듭제곱
//	정수 몫
%	정수 나머지

주의하자

*	곱하기
**	거듭제곱

3 * 4 → 3 x 4
3 ** 4 → 3 x 3 x 3 x 3

// (정수 몫)
% (정수 나머지)

7 // 4 → 1
7 % 4 → 3

4) 7
    4
    3

02. 숫자

코드 실습

pyrun.kr에서 다음을 각각 입력하고 실행해 보세요.

입력

```
print ( 12 )
print ( 36.5 )
print ( -273.0 )
```

입력

```
print ( 15 + 3 )
print ( 15 - 3 )
print ( 15 * 3 )
print ( 15 // 3 )
```

```
1 print ( 12 )
2 print ( 36.5 )
3 print ( -273.0 )
```
RUN (Ctrl + Enter)   Refresh

```
1 print ( 15 + 3 )
2 print ( 15 - 3 )
3 print ( 15 * 3 )
4 print ( 15 // 3 )
```
RUN (Ctrl + Enter)   Refresh

12
36.5
-273.0

18
12
45
5

파이썬 연습장
pyrun.kr

02. 숫자

입력

```
print ( 2 ** 5 )
print ( 18 // 4 )
print ( 18 % 4 )
```

입력

```
print ( 3 * 3 )
print ( 3 ** 3 )
print ( 18 / 6 )
print ( 18 // 6 )
```

```
1 print ( 2 ** 5 )
2 print ( 18 // 4 )
3 print ( 18 % 4 )
4
```

```
1 print ( 3 * 3 )
2 print ( 3 ** 3 )
3 print ( 18 / 6 )
4 print ( 18 // 6 )
```

32
4
2

9
27
3.0
3

파이썬 연습장
pyrun.kr

02. 숫자

퀴즈

1. 다음 중 파이썬에서 수의 형태가 아닌 것은 무엇일까요?
   ① 정수형			② 자연수형
   ③ 실수형			④ 복소수형

2. 파이썬 수에 대한 설명 중 옳지 않은 것은 무엇일까요?
   ① 소수점이 없는 수를 정수형이라고 한다.
   ② 소수점이 있는 수를 실수형이라고 한다.
   ③ 숫자 0은 정수형이고, 숫자 0.0은 실수형이다.
   ④ 파이썬에서 숫자 0과 숫자 0.0은 같다.

3. 다음을 실행하면 오류가 발생해요. 왜 그럴까요?
   `print ( -15 x 4 / 2 )`
   ① 파이썬에서는 음수를 곱할 수 없다.
   ② 두 개 이상의 기호를 사용하면 안된다.
   ③ 나누기 기호가 틀렸다.
   ④ 곱하기 기호가 틀렸다.

답 1.② 2.④ 3.④

02. 숫자

4. 다음을 실행하면 출력 결과는 무엇일까요?

   ```
   print ( 6 / 3 )
   print ( 6 // 3 )
   ```

   ① 2.0　　　② 2　　　③ 2　　　④ 6/3
   　 2　　　　 2.0　　　 2　　　　6//3

5. 다음을 실행하면 2가 출력됩니다. %는 무슨 기호일까요?

   ```
   print ( 56 % 9 )
   ```

   ① 정수 나머지를 구하는 기호　② 정수 몫을 구하는 기호
   ③ 곱하라는 기호　　　　　　　④ 두 번 나누라는 기호

6. 다음을 실행하면 어떤 출력 결과가 나올까요?

   ```
   print ( 15 * 10 )
   print ( 15 * 10.0 )
   ```

   ① 150.0　② 150　　③ 150　　④ 10/5
   　 150.0　　 150　　　 150.0　　 10//5

답　4.①　5.①　6.③

미션 ①

금고는 이제 안전해 vs 안전하지 않아

만수르 회장이 금고를 털린 후 속상해서 몸져 누웠어요.
금고의 비밀번호를 안전하게
다른 번호로 바꿔야 할 것 같아요.

만회장 생년월일 8자리에 곱하기 2
해서 비번을 바꿔보세요.
만 회장 금고는 이제 안전할 거예요.

만수르 회장의 새 비밀번호를 출력해 보세요.
print( ) 안에 계산식을 넣어서 계산해보세요.

print (   )

정답은 p.334에 있어요.

02. 숫자

미션 ②

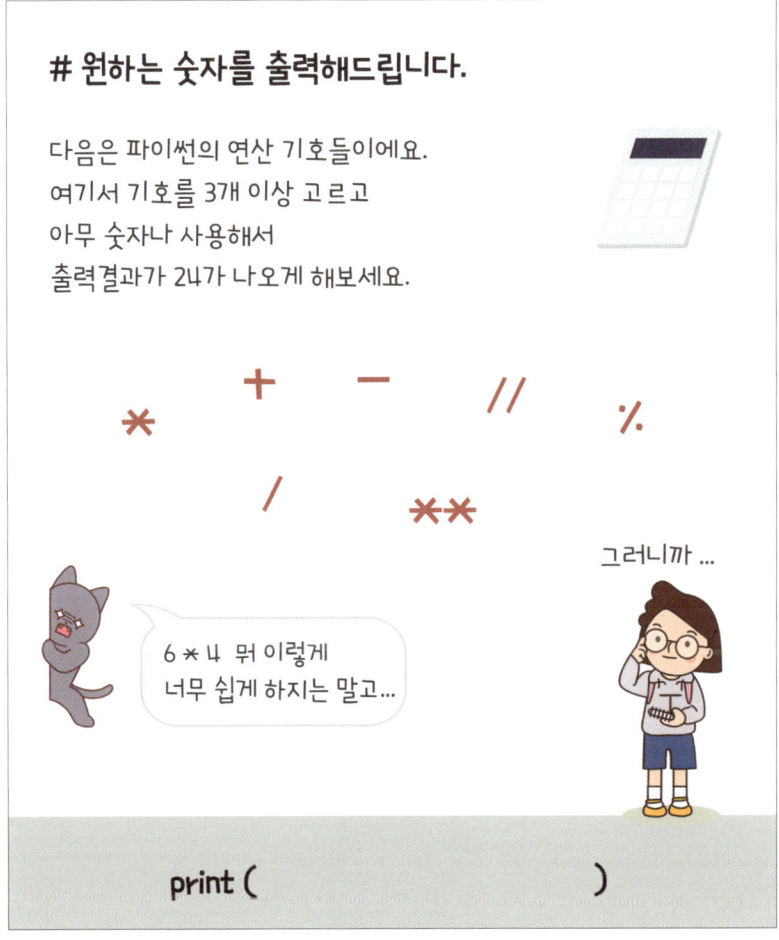

원하는 숫자를 출력해드립니다.

다음은 파이썬의 연산 기호들이에요.
여기서 기호를 3개 이상 고르고
아무 숫자나 사용해서
출력결과가 24가 나오게 해보세요.

* + - // %
/ **

그러니까 ...

6 * 4 뭐 이렇게
너무 쉽게 하지는 말고...

print (   )

정답은 p.334에 있어요.

03. 문자열

03. 문자열

문자　　　　문자열

이제 문자열을 배울 건데요.
문자는 알겠는데, 문자열은 뭘까요?

03. 문자열

문자열은 영어로 string스트링이에요.
string은 원래 끈이나 줄을 의미하는데,

구슬이나 보석을 꿰어
목걸이나 팔찌를 만드는 줄을 생각해보면
문자열의 뜻을 더 잘 이해할 수 있어요.

03. 문자열

string 문자열

마치 끈에 하나씩 순서대로 구슬을 꿰듯

More Tip

string의 사전적 정의 (출처 : Cambridge Dictionary)
(a piece of) strong, thin rope made by twisting very thin threads together, used for fastening and tying things:
물건을 고정하고 묶는 데 사용되는, 서로 꼬아 만든 강하고 가는 실 또는 밧줄

03. 문자열

string

마치 끈에 하나씩 순서대로 구슬을 꿰듯

순서대로 문자를 줄에 꿰어 배열한 것을
string 스트링 이라고 해요.

단어를 쓸 때 스펠링이 바뀌거나 틀리면
전혀 다른 단어가 되죠?

이렇게 string 스트링 은 순서가 중요해요.

03. 문자열

순서대로 문자를 배열한 것이 string

정리하면,
그냥 한 글자 한 글자는 문자 character라고 하고
이렇게 연결된 글자들은 문자열 string이라고 해요.

문자열이라는 용어가 가진 의미,
string이라는 영어표현까지 꼭 기억해두세요.

03. 문자열

자, 문자열이라는 말이 뭔지 알았으니까
이제 파이썬이 문자를 어떻게 다루는지 볼까요?

03. 문자열

여기 대화를 볼까요?
친구가 놀자고 왔어요.
"놀자." 그랬더니

03. 문자열

"나, 파이썬 공부 중~"
이렇게 대답했네요.

03. 문자열

그 말을 들은 냥이가
'파이썬이 더 재밌나?' 하고 생각했어요.

이런 말들을 파이썬에서 출력되게 하려면
어떻게 하면 될까요?

03. 문자열

우리는 국어시간에 큰 따옴표, 작은 따옴표에 대해 배웠어요.

큰 따옴표는 직접 말할 때,
작은 따옴표는 머리속의 생각을 말할 때,
각각 용도가 달랐습니다.

03. 문자열

❗ 문자열 ❗

❗❗ 문자열 ❗❗

그런데 파이썬에서는 따옴표의 사용법이 좀 달라요.

문자열에는 큰 따옴표나 작은 따옴표를 써서
문자열인 것을 표시해줘야 하는데,
구분 없이 둘 중에 아무거나 써도 됩니다.

03. 문자열

놀자.

위 단어를 파이썬으로 출력하려면

'놀자.'

"놀자."

작은 따옴표를 써도 되고, 큰 따옴표를 써도 돼요.

03. 문자열

나, 파이썬 공부 중~

이 말도 마찬가지에요.

' 나, 파이썬 공부 중~ '
" 나, 파이썬 공부 중~ "

역시 작은 따옴표를 써도 되고, 큰 따옴표를 써도 돼요.

03. 문자열

이번에 생각해 볼 것은 따옴표 기호입니다.

국어에서 큰 따옴표와 작은 따옴표는 각각 역할이 달랐어요.

파이썬에서는 어떨까요?

03. 문자열

print ("냥이는 '파이썬이 더 재밌나?'하고 생각했다.")

문자열 표시만 할때는 둘 중 아무 거나 써도 되지만 문장 부호로서 큰 따옴표(" ")나 작은 따옴표(' ')가 필요할 때가 있어요.

냥이의 생각을 표시할 때는 작은 따옴표가 필요하고 그럴때는 문자열 표시는 큰 따옴표로 합니다.

반대의 경우도 마찬가지입니다.

03. 문자열

좀 더 자세히 살펴봅니다.

print ("정은이는 '먹고 싶다.'라고 생각했다.")

위 코드에서
'먹고 싶다.'의 작은 따옴표는 문장 부호로,
문장 시작과 끝의 큰 따옴표는 문자열 표시로
사용했어요.

03. 문자열

이번에는 반대입니다.

print ('그는 "괴물이다~"라고 소리치면서 도망쳤다.')

위 코드에서
"괴물이다~"의 큰 따옴표는 문장 부호로,
문장 시작과 끝의 작은 따옴표는 문자열 표시로
사용했습니다.

03. 문자열

print ('놀자.')

print ("나, 파이썬 공부 중")

print ("냥이는 '파이썬이 더 재밌나?' 하고 생각했다.")

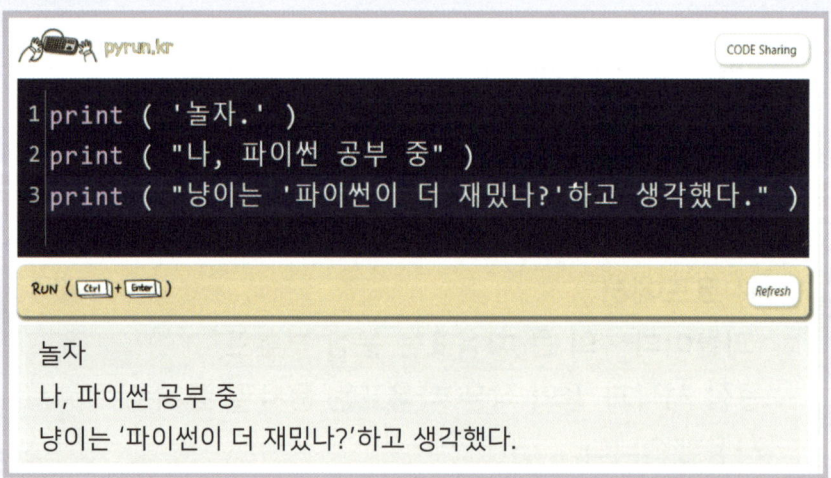

03. 문자열

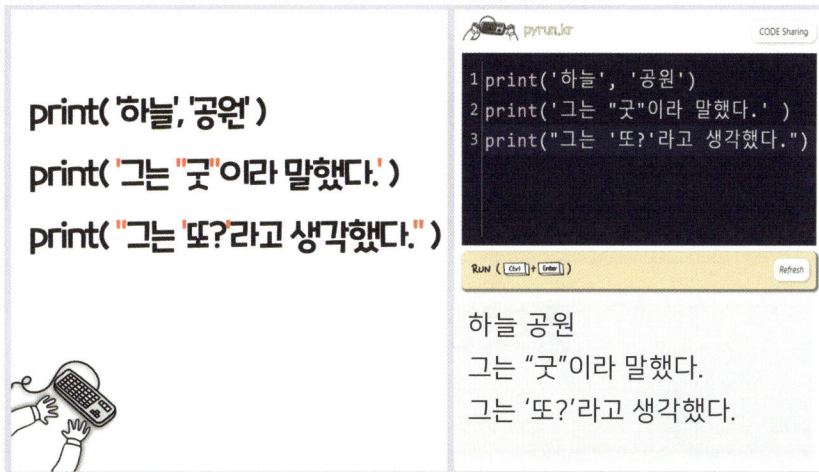

pyrun.kr에서 연습해 봅니다.

문자열 안에 문장 부호로서 따옴표가 필요할 때는
큰 따옴표와 작은 따옴표를 같이 써서
문자열 표시와 문장 부호 표시를 합니다.

03. 문자열

내용이 많아서
여러 줄에
출력해야 한다면

이번에는 여러 줄 출력에 대해 알아봅니다.

내용이 많아서 여러 줄에 출력해야 한다면,

print ("내용이 많아서 ")
print ("여러 줄에 ")
print ("출력해야 한다면")

위와 같이 매 줄마다 print ( )를 하지 않고,

03. 문자열

''' 여러 줄에
출력할 때는
작은 따옴표를 세 개씩 '''

""" 여러 줄에
출력할 때는
큰 따옴표를 세 개씩 """

시작과 끝 부분에
작은 따옴표를 세 개씩
혹은 큰 따옴표를 세 개씩 하면 됩니다.

print ("""여러 줄에
출력할 때는
큰 따옴표나 작은 따옴표를 세 개씩 """)

위와 같이 사용합니다.

03. 문자열

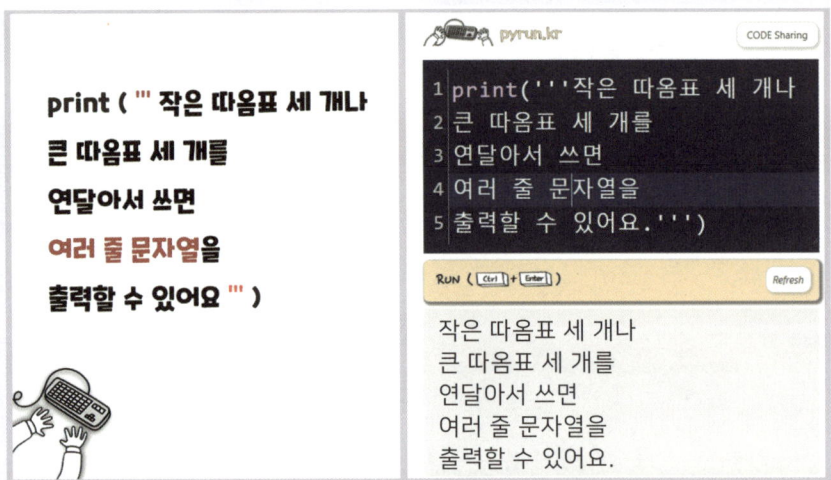

여러 줄 문자열을 출력하는 실습입니다.

큰 따옴표 세 개나 작은 따옴표 세 개를
연달아 사용하면 위와 같이
여러 줄 문자열 출력을 할 수 있습니다.

03. 문자열

"EZ PYTHON"

공백까지 총 9글자

다음은 공백에 관한 내용입니다.

파이썬 문자열에서는
공백도 문자처럼 다루어집니다.

따옴표 안의 1개의 공백은
빈 자리가 아니라 글자 1개로 계산합니다.

03. 문자열

핵심 요약

- 문자열은 ' ' (작은 따옴표) 혹은 " " (큰 따옴표)로 감싼다.

  'python'   "프로그래밍"   '이지스트'

- 여러 줄 문자열은 ''' ''' (작은 따옴표 3쌍) 혹은 """ """ (큰 따옴표 3쌍)으로 감싼다.

  ex)
  print ("""AI 교육은 미래 사회에 필요한 중요한 스킬을 제공하고,
  폭넓은 관점에서 세상을 바라볼 수 있게 하며,
  다양한 산업 분야에서 경쟁력을 갖추는 데 도움이 됩니다.""")

- 문자열 ' ' 혹은 " " 안의 공백은 하나의 문자로 인식된다.

"EZ PYTHON"

03. 문자열

 궁금해요

Q : 왜 ' '(작은 따옴표)와 " "(큰 따옴표) 둘 다 쓰는 거죠?

A : ' '(작은 따옴표)나 " "(큰 따옴표)가 문장 부호로 쓰일 때가 있어요. 그럴 때 문자열 표시용, 문장 부호용으로 작은 따옴표, 큰 따옴표 두 가지 다 필요해요.

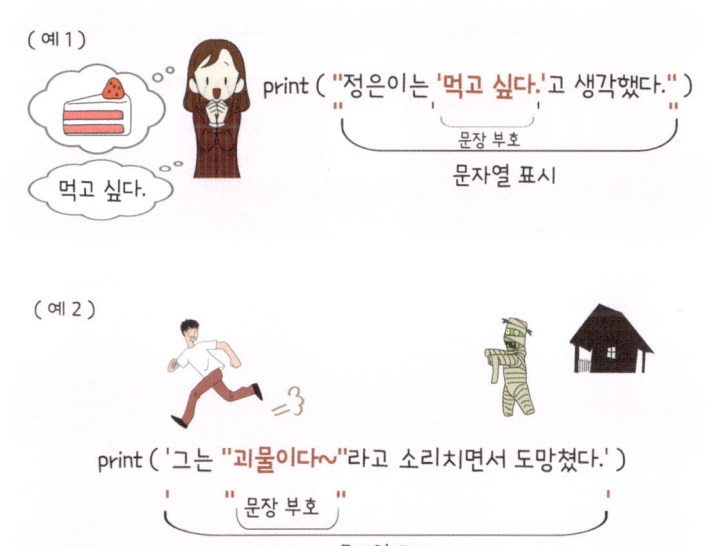

03. 문자열

코드 실습

pyrun.kr에서 다음을 각각 입력하고 실행해 보세요.

입력

```
print ( '바다' )
print ( "나", "너", "그" )
print ( "hello" )
print ( 'Hello', 'Yujin' )
```

```
1 print('바다')
2 print("나", "너", "그")
3 print("hello")
4 print('Hello', 'Yujin')
```

```
바다
나 너 그
hello
Hello Yujin
```

입력

```
print ( '''하늘과
바람과
별과
시''' )
```

```
1 print('''하늘과
2 바람과
3 별과
4 시''')
```

```
하늘과
바람과
별과
시
```

파이썬 연습장
pyrun.kr

03. 문자열

입력

print ("그는 '말도 안돼'라고 생각했다.")
print ('그때 "불이야~"하고 난 소리쳤다.')

```
1 print("그는 '말도 안돼'라고 생각했다.")
2 print('그때 "불이야~"하고 난 소리쳤다.')
```

RUN (Ctrl + Enter)

그는 '말도 안돼'라고 생각했다.
그때 "불이야~"하고 난 소리쳤다.

파이썬 연습장
pyrun.kr

03. 문자열

퀴즈

1. 다음 중 파이썬이 문자열로 인식하지 못하는 것은 무엇일까요?
   ① 'hello'
   ② '***'
   ③ sum
   ④ "13"

2. Happy Birthday를 출력할때 사용할 코드는 무엇일까요?
   ① print Happy Birthday
   ② print 'Happy Birthday'
   ③ print (Happy Birthday)
   ④ print ('Happy Birthday')

3. 다음을 출력하면 어떤 데이터 타입일까요?
   `print ( 359 )`
   ① 정수형 ② 실수형 ③ 문자열형 ④ 복소수형

4. 다음을 출력하면 어떤 데이터 타입일까요?
   `print ( 24.0 )`
   ① 정수형 ② 실수형 ③ 문자열형 ④ 복소수형

답 1.③ 2.④ 3.① 4.②

03. 문자열

5. 다음을 출력하면 어떤 데이터 타입입니까?

　　print ('359')

　① 정수형　　② 실수형　　③ 문자열형　　④ 복소수형

6. 다음과 같이 출력되도록 하려면 어떻게 입력해야 할까요?

　　나는 '젤리'가 좋아.

　① print 나는 젤리가 좋아.
　② print (나는 젤리가 좋아.)
　③ print ('나는 '젤리'가 좋아.')
　④ print ("나는 '젤리'가 좋아.")

7. 다음과 같이 출력되도록 하려면 어떻게 입력해야 할까요?

　　엄마가 "비 오니까 일찍 와라."하고 말씀하셨다.

　① print 엄마가 "비 오니까 일찍 와라."하고 말씀하셨다.
　② print (엄마가 "비 오니까 일찍 와라."하고 말씀하셨다.)
　③ print ('엄마가 "비 오니까 일찍 와라."하고 말씀하셨다.')
　④ print ("엄마가 "비 오니까 일찍 와라."하고 말씀하셨다.")

답　5.③　6.④　7.③

미션 ①

오늘은 바쁜 날

다음 중 오늘 나의 하루와 연관이 있는 3가지를 골라서 여러 줄 출력을 해보세요.

(예)
print ("""오늘 학교에서 축구를 했더니 배가 고팠다. 그래서 집에 오자마자 바나나를 먹었다.""")

print ("""

""")

정답은 p.335에 있어요.

03. 문자열

미션 ②

괴이한 일이 생겼나이다.

어젯밤,
전하가 계신 궁궐에 괴물이 나타났다는 것이
사실이더냐... 사람을 물어뜯는다는 그 괴물이
날이 저물면 또 나타날까 염려되는구나.
어서 조선 최고의 무사를 부르거라...

여보시게, 자네는 그 괴물이 무엇인지 정녕 아시겠는가?
위의 십자말 풀이 빈칸을 풀어서
어서 무사에게 문자열로 알려주시게나.

print (   )

정답은 p.335에 있어요.

04.

문자열 연산

04. 문자열 연산

이 2개의 기호는 어디서 했었죠?
숫자 편에서 나왔던 더하기와 곱하기 표시였어요.

그런데, 파이썬에서는
숫자만 더하고 곱할 수 있는 게 아니라
문자열도 더하기와 곱하기가 돼요.

04. 문자열 연산

04. 문자열 연산

04. 문자열 연산

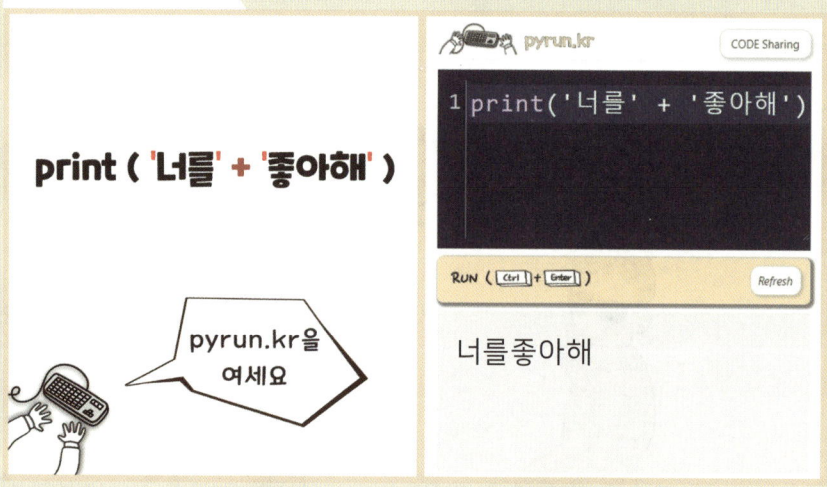

그럼 이제 파이런에서 문자열 더하기 해볼까요?
어떻게 출력되죠?

띄어쓰기 없이 자석처럼 붙어버렸네요.

04. 문자열 연산

04. 문자열 연산

04. 문자열 연산

04. 문자열 연산

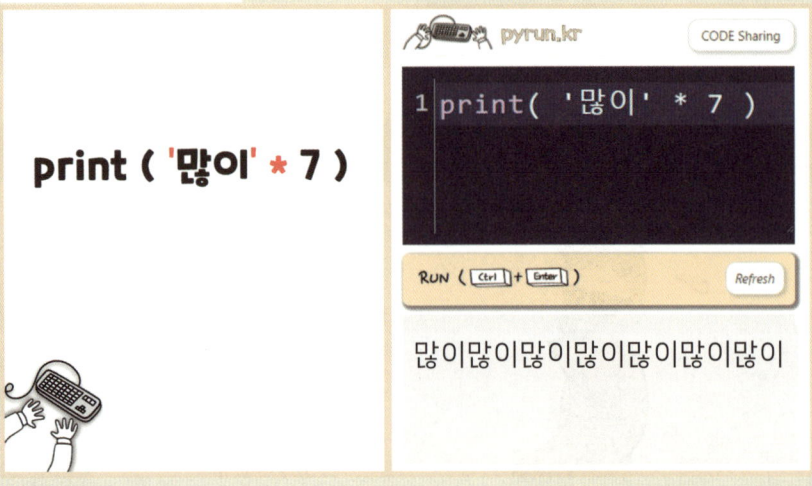

이걸 파이런에서 실행해 봅니다.
'많이'를 7번 곱해볼게요.

'많이'라는 문자열이 7번이 반복되어 출력되는군요.
그것도 공백없이 붙어서요.

04. 문자열 연산

문자열도 숫자처럼
더하고 곱할 수 있군요!

그렇군요. 문자열도 숫자처럼 더하고 곱할 수 있군요.

04. 문자열 연산

'문자열' + '문자열' : 연결

'문자열' ＊ 숫자　　: 반복

문자열 더하기 문자열은 〈연결〉되고,
문자열 곱하기 숫자하면 그 숫자만큼 〈반복〉되었죠.

04. 문자열 연산

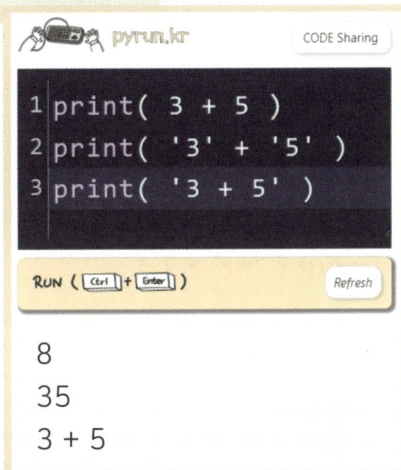

자, 여기의 이 숫자들을 출력해 봅니다.
같은 숫자이지만 데이터의 종류는 다릅니다.
각각 설명해 보세요.

맨 위는 숫자 3과 5의 합, 8이 출력되었고
두 번째는 문자열 3과 문자열 5을 더해서
문자열 35(삼오)가 출력됩니다.
세 번째는 〈3 + 5〉가 이미지처럼 출력됩니다.

04. 문자열 연산

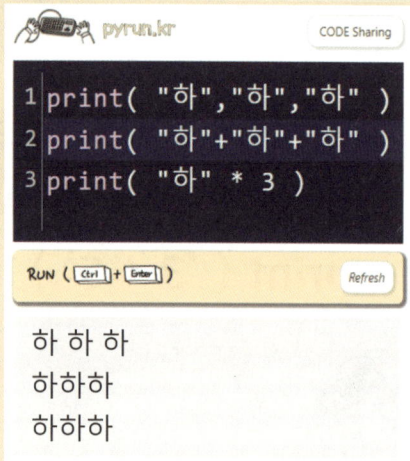

이번에는 각 기호에 유의하면서 비교해 보세요.

첫 번째 코드는 쉼표로 항목을 구분해주었고
두 번째 코드는 문자열 더하기로 항목들이 연결되어
출력되었고
세 번째 코드는 문자열 곱하기로 항목들이 3번
반복되었습니다.

핵심 요약

- \+ − * /
  숫자는 더하고 빼고 곱하고 나눌 수 있어요.

- \+ *
  문자열은 더하고 곱할 수 있어요.

- '문자열' + '문자열' : 연결
  '문자열' * 숫자   : 반복

```
print ( "바람이" + "많이" + "부네" )
print ( "쌩" * 3 )
```

혹시 뭐 더 반복할 말이라도?

04. 문자열 연산

코드 실습

pyrun.kr에서 다음을 각각 입력하고 실행해 보세요.

입력

print (23, 3)
print (23 + 3)
print ("23" + "3")
print ('23 + 3')

입력

print (8, 2)
print (8 + 2)
print ('8' + '2')
print ('8 + 2')

```
1 print( 23, 3 )
2 print( 23 + 3 )
3 print( "23" + "3" )
4 print( '23 + 3' )
```
RUN (Ctrl + Enter)   Refresh

```
1 print( 8, 2 )
2 print( 8 + 2 )
3 print( '8' + '2' )
4 print( '8 + 2' )
```
RUN (Ctrl + Enter)   Refresh

23 3
26
233
23 + 3

8 2
10
82
8 + 2

파이썬 연습장
pyrun.kr

04. 문자열 연산

입력

```
print ( '보슬', '비' )
print ( '보슬' + '비' )
print ( '보슬' * 3 )
```

입력

```
print ( '큰' + '옷' )
print ( '큰 ' + '옷' )
print ( '큰' + ' 옷' )
print ( '큰' + ' ' + '옷' )
```

```
1 print ( '보슬', '비' )
2 print ( '보슬' + '비' )
3 print ( '보슬' * 3 )
```
RUN (Ctrl + Enter)   Refresh

보슬 비
보슬비
보슬보슬보슬

```
1 print('큰'+'옷')
2 print('큰 '+'옷')
3 print('큰'+' 옷')
4 print('큰'+' '+'옷')
```
RUN (Ctrl + Enter)   Refresh

큰옷
큰 옷
큰 옷
큰 옷

파이썬 연습장
pyrun.kr

04. 문자열 연산

퀴즈

1. 다음을 실행하면 출력 결과는 무엇일까요?

   `print ( '주륵' * 3 )`

   ① 주륵주륵주륵　　② 주주주륵륵륵
   ③ 주륵 주륵 주륵　　④ 주주주 륵륵륵

2. 다음을 실행하면 출력 결과는 무엇일까요?

   `print ( "3" + "6" )`

   ① 9　　② 36　　③ 333333　　④ 18

3. 다음을 실행하면 출력 결과는 무엇일까요?

   `print ( "3" + "6" )`

   ① 정수형 (integer)　　② 실수형 (float)
   ③ 복소수형 (complex)　　④ 문자열형 (string)

4. 다음 코드의 출력값 중 다른 것은 무엇일까요?

   ① print ('3' + '5')　　② print (" '3' + '5' ")
   ③ print ("35")　　④ print ('3' *1 + '5' * 1)

답　1.①　2.②　3.④　4.②

04. 문자열 연산

미션

오늘은 소풍 가는 날

```
****************
주룩 주룩 주룩 주룩 주룩 주룩
소풍날인데 비가 오네. ㅠㅠ

소풍 장소는 에버월드
우리 조 4명의 총 입장료는 8000 원
엄마가 "조심해서 다녀와."라고 말씀하셨다.
_^_^_^_^_^_^_^_^_^_^_^
```

print (   )
print (   )
    .
    .
    .
print (   )

정답은 p.336에 있어요.

05.

변수

05. 변수

변수
variable

변수 variable 는
프로그래밍의 중요한 개념 중 하나입니다.

변수란 무엇일까요?

05. 변수

김밥을 만들려면

변수를 이해하기 위해, 김밥을 예로 들어볼게요

필요한 재료들을

김밥에 들어갈 필요한 재료들을 손질해서

05. 변수

담을 그릇이 필요해요

담아놓을 각각의 '준비 그릇'이 필요해요.

재료들을 종류대로 손질해서 분류하고
각 준비 그릇에 담은 다음,
거기에서 재료를 하나씩 꺼내서 김밥을 싸는 걸
상상해 보세요.

이렇게 요리를 할 때 재료들을 임시로 담는
'준비 그릇' 같은 역할을 하는 게 바로 변수예요.

05. 변수

프로그래밍할 때도

다양하고 많은 데이터를

05. 변수

담아둘 뭔가가 필요해요

마찬가지로, 프로그래밍을 할 때도
숫자, 문자, 이미지, 영상 등
다양하고 많은 데이터를
관리하면서 프로그래밍하기 위해,
준비 그릇처럼 담아둘 뭔가가 필요해요.

05. 변수

 김밥을 담는 그릇

옷을 담는 옷장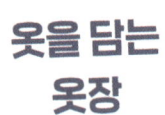

김밥 재료, 김밥을 담는 그릇이나
옷을 담는 옷장처럼

데이터를 정리하고 담아둔다면,

05. 변수

데이터 담는  는 어디서 구해요?

데이터를 담는 그릇이나 상자는
도대체 어디에서 구해야 할까요?

데이터 담는 상자는 어떤 건가요?

05. 변수

다양한 데이터를 담을 □는

컴퓨터 안에

이미 많아요

05. 변수

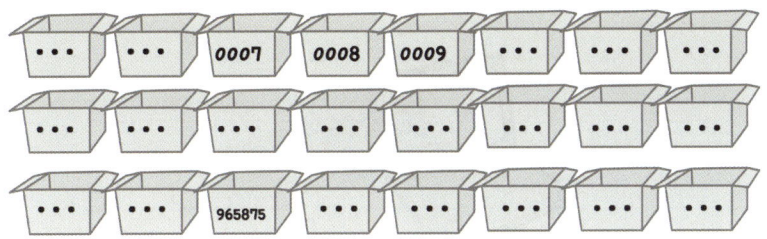

주소가 있는 저장 상자가

컴퓨터 안에 데이터를 담을 수 있는
수많은 준비 그릇, 상자가 쭉 늘어서 있어요.
이 상자들 즉, 저장 공간엔 각기 번호가 붙어있어요.
주소가 붙은 저장 공간이 있는 거에요.

이 저장 공간들에 무슨 값을 넣을지,
넣어서 어떻게 쓸지는 모두
프로그래밍하는 우리가 결정합니다.

05. 변수

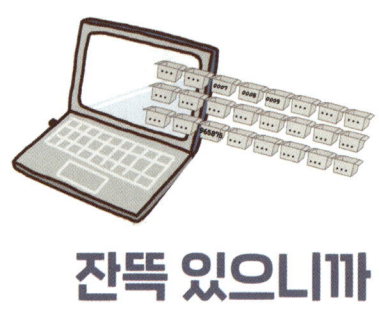

잔뜩 있으니까

즉, 이렇게 주소가 있는 저장 상자가
컴퓨터 안에 잔뜩 있으니까

05. 변수

필요할때 여기에 담으면 되요

프로그래밍을 하기 위해
준비 그릇들이 필요할 때
여기에 데이터를 담으면 돼요.

05. 변수

밥그릇에 밥
김그릇에 김

그릇에 밥, 김, 계란, 단무지 등을 담아
김밥 만들 준비를 하는 것처럼,

05. 변수

변수

변수에

변수에 데이터

데이터를 담습니다.

05. 변수

이 상자를 변수라고 한다면, 12라는 데이터를 넣고

a라고 상자 이름을 붙이면

05. 변수

변수를 만든 거예요

이렇게 우리는 변수를 만든 거예요.

a라는 변수에 12를 담았습니다.

05. 변수

$$a = 12$$

그래서 변수는 이런 모양입니다.

$$a = 12$$

변수 　　　　　　　　　값

여기서 좌측의 a는 변수이고 오른쪽의 12는 값입니다.

05. 변수

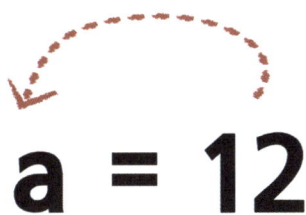

12라는 값을 a라는 변수에 넣는 것을

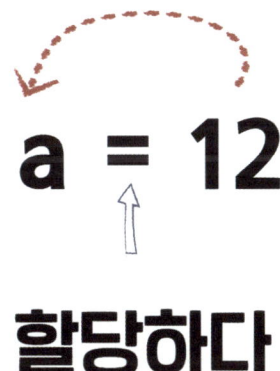

'할당한다'고 해요. 기호는 이렇게 등호를 쓰고요.

05. 변수

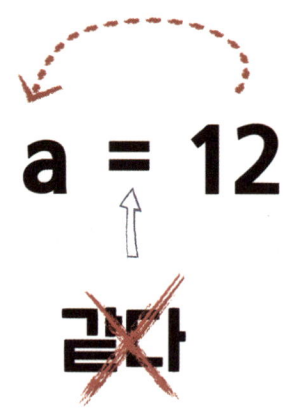

여기서 이 등호는 '같다'라는 뜻이 아니에요.
우리가 수학에서 쓰는 등호(=)와 모양은 같지만
의미는 다릅니다.

05. 변수

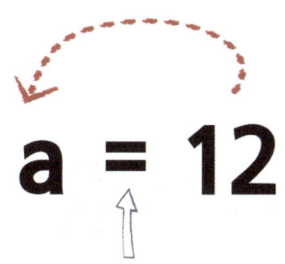

할당하다
(오른쪽의 **값**을 왼쪽 **변수**에 넣는다)

'할당하다' 의 의미는
오른쪽의 값을 왼쪽 변수에 넣는다는 의미입니다.

05. 변수

변수 만들기 ?

그리고 변수에 값을 할당하는 것
즉, 변수를 만드는 것을

05. 변수

변수를 선언하다!

변수를 '선언'한다고 합니다. 이 용어도 기억하세요.

변수는 얼만큼 만들지 정해진 것이 아닙니다.

변수는 프로그래밍하는 사람이
필요한 만큼 만들어서 쓰면 돼요.

05. 변수

또한, 변수는
값을
다시 담을 수 있어요

그리고, 변수에는 또다른 중요한 성질이 있어요.

변수에는 값을 다른 값으로 다시 담을 수 있어요.
즉, 다른 값을 다시 할당해줄 수 있어요.

05. 변수

옷장도

옷장도 **상자도**

05. 변수

옷장도 상자도 그릇도

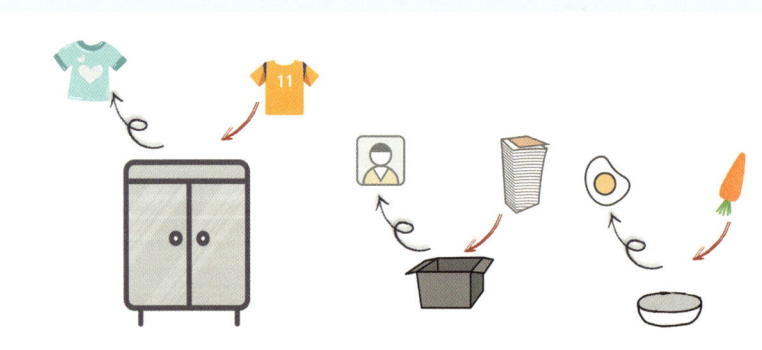

다른 재료를 다시 담을 수 있어요

05. 변수

변수도 다른 값으로

마찬가지로, 변수도 다른 값으로 다시

즉, 12였다가 24로 다시

05. 변수

바꿔담을 수 있어요

다른 값으로 바꿔담을 수 있어요.

다시 할당할 수 있어요

즉, 다시 값을 할당할 수 있어요.

05. 변수

잠깐!

괄호안에 변수를 넣어보자

잠깐!
우리가 앞에서 print ( )를 배웠는데,
이 괄호안에 이번엔 변수를 넣어볼까요?

05. 변수

a = 12
print (a)

변수를 출력하면
어떻게 될까요?

변수 a를 선언해서 12를 할당하고
print (a)를 실행하면 결과는 무엇일까요?

변수 a에 담긴 12가 출력됩니다.

05. 변수

```
a = 12
print ( a )

a = 24
print ( a )
```

이번에는 a에 24를 다시 할당해보고
print (a)를 실행해 봅니다.

어떤 값이 출력되었을까요?
12가 아닌,
다시 할당된 값인 24가 출력됩니다.

05. 변수

```
a = 15
b = 20
print ( a + b )

a = 25
print ( a + b )
```

```
1 a = 15
2 b = 20
3 print ( a + b )
4
5 a = 25
6 print ( a + b )
```

RUN (Ctrl + Enter)   Refresh

```
35
45
```

위 예제는
변수 a와 b를 연산해서 출력했다가

변수 a에 값을 다시 할당해서
출력해보는 예제입니다.

파이썬 연습장
pyrun.kr

05. 변수

따옴표 없어도 되나요?

print ('a')
print (a)

여기서 잠깐!
문자열 파트에서 공부할때 print ('a')처럼
문자는 따옴표를 해야 한다고 했어요.
그럼 위에서 print (a)는 오류가 생길 텐데요?

위에서처럼 print (a)를 바로 실행하면,
a에게 문자열 표시도 안해서 문자열도 아니고
변수 a를 먼저 선언하지 않아 변수도 아니어서
오류가 생깁니다.

05. 변수

print ('a')

a = 12
print (a)

여기서 문자열과 변수 차이를 볼 수 있죠

print ('a')는
문자열 a를 출력하라는 거고,

print (a)는
변수 a의 값인 12를 출력하라는 거죠.

05. 변수

변수는 왜 쓸까요?

그러면, 이런 변수는 왜 쓸까요?

05. 변수

print (12)

a = 12
print (a)

변수가 무엇인지 이제 알겠는데,
그럼 변수를 쓰는 이유는 뭘까요?

12를 출력하려면
그냥 print (12) 처럼 하지
왜 복잡하게 변수를 선언해서 쓸까요?

05. 변수

```
print ( 12 )
print ( 12 + 2 )
print ( 12 * 2 )
print ( 12 % 2 )
```

12라는 숫자로 위와 같이
여러가지 계산을 해야한다고 생각해 봅니다.

계산을 할때마다 12를 계속 써줘야 합니다.

05. 변수

12 → 24

```
print ( 24 )
print ( 24 + 2 )
print ( 24 * 2 )
print ( 24 % 2 )
```

12를 24로 바꾼다면?

다시 모든 계산식을 찾아가서
12를 24로 바꿔야합니다.

그런데, 만약
이런 계산식이 위에서처럼 3개가 아니라
1,000개나 10,000개라면?

05. 변수

```
a = 12

print ( a )
print ( a + 2 )
print ( a * 2 )
print ( a % 2 )
```

이렇게 변수로 지정해서
12를 할당하면
나머지는 모두
자동으로 계산돼요.

이번에는 변수에 12를 할당하는 방법을 써봅니다.

변수a에 값을 할당해놓고
식에도 변수를 넣어놓으면
자동으로 쭈욱 계산이 되죠.

05. 변수

12 → 24

```
a = 24
print ( a )
print ( a + 2 )
print ( a * 2 )
print ( a % 2 )
```

이번에도 12를 24로 바꾼다면?

그런데, 이번에는 모든 계산식을 찾아가서
12를 24로 바꿀 필요가 없습니다.

변수 a가 다시 할당된 24로 자동으로 계산해 줘요.

05. 변수

```
print ( 12 )
print ( 12 + 2 )
print ( 12 * 2 )
print ( 12 % 2 )
```

```
a = 12
print ( a )
print ( a + 2 )
print ( a * 2 )
print ( a % 2 )
```

같이 놓고 비교해 볼까요?

변수를 사용하면 그렇지 않을 때보다
계산 등의 작업이 훨씬 많이 편해지겠죠?

이것이 변수의 강력함이고
우리가 변수를 쓰는 이유입니다.

05. 변수

잠깐!

 수학에도 변수가 있던데...

자, 지금까지 프로그래밍의 변수에 대해 알아봤어요.

그런데,
변수라는 말은 프로그래밍 이전에
수학 시간에 이미 들어봤을 거에요.

05. 변수

수학의 변수 vs 프로그래밍의 변수

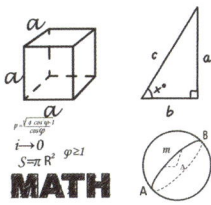

```
name = '냥이'
age = 5
breed = 'cat'
```

그러면 수학에서의 변수는
프로그래밍의 변수와 어떻게 다를까요?

05. 변수

수학의 변수 vs 프로그래밍의 변수

⟨비슷한 점⟩ 변할 수 있는 값을 기호로 표시

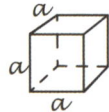 

비슷한 점은
변할 수 있는 값을 기호로 표시한다는 것입니다.

05. 변수

수학의 변수 vs 프로그래밍의 변수

<다른 점>

숫자

숫자, 문자열
이미지, 동영상 ...

다른 점이라면
수학 변수에 들어가는 값은 주로 수에 관한 것인데,
프로그래밍 변수에 들어가는 값은
숫자, 문자열, 이미지, 동영상 등 다양하죠.

이외에도 프로그래밍에서의 변수는
데이터를 저장하는 메모리 공간이라는 개념이 있고,
수학의 변수에는 그런 개념이 없죠.

05. 변수

핵심 요약

변수란?

- 값(재료)을 넣고 이름을 붙인 것
- 내용물은 다시 담을 수 있어요.

변수 선언하기

a = 12

할당하다 (오른쪽의 값을 왼쪽의 변수에 넣기)

05. 변수

다음에서 각 a는 **변수**인가 아닌가

```
print ( a )
```

NO!

a가 변수로 선언되어 있지 않아요.
-> a는 변수가 아닙니다.

```
a = 24
print ( a )
```

a가 변수로 선언되어 있어요.
-> a는 변수입니다.

05. 변수

코드 실습

pyrun.kr에서 다음을 각각 입력하고 실행해 보세요.

입력

```
a = 24
b = 32
print ( a )
print ( b )
```

입력

```
c = 'dog'
d = 'cat'
print ( c )
print ( d )
```

```
1  a = 24
2  b = 32
3  print ( a )
4  print ( b )
```
RUN (Ctrl + Enter)   Refresh

```
24
32
```

```
1  c = 'dog'
2  d = 'cat'
3  print ( c )
4  print ( d )
```
RUN (Ctrl + Enter)   Refresh

```
dog
cat
```

파이썬 연습장
pyrun.kr

05. 변수

입력

```
x = 33
y = 22
print ( x + y )

y = 11
print ( x + y )
```

입력

```
a = '아기'
b = '고릴라'

print ( a + b )
```

```
1 x = 33
2 y = 22
3 print ( x + y )
4
5 y = 11
6 print ( x + y )
```

```
1 a = '아기'
2 b = '고릴라'
3
4 print ( a + b )
```

아기고릴라

55
44

변수에는 숫자, 문자열, 다른 변수를 할당 혹은 재할당할 수 있고 변수끼리 연산도 가능합니다.

파이썬 연습장
pyrun.kr

05. 변수

퀴즈

1. 다음에서 변수(variable)를 잘 설명한 것은 무엇일까요?
   ① 변수는 데이터를 담는 상자 같은 것이다.
   ② 변수에는 숫자만 저장할 수 있다.
   ③ 변수에는 문자열은 할당할 수 없다.
   ④ 변수는 값을 출력해 화면에 보여달라는 것이다.

2. 변수를 이제 '선언'해 볼까요? number라는 변수 그릇에 숫자 3을 담으려고 하면 어느 것이 맞을까요?
   ① number = 3   ② number : 3
   ③ number == 3   ④ number (3)

3. 다음 중 d라는 변수 그릇에 hello라는 문자열을 담는 방법으로 알맞은 것은 무엇일까요?
   ① d = hello   ② d = 'hello'
   ③ d (hello)   ④ d ('hello')

답   1.① 2.① 3.②

05. 변수

4. 다음 변수에 대한 설명 중 옳은 것은 무엇일까요?
   ① 변수 안에는 숫자, 문자, 이미지만 할당할 수 있다.
   ② a = 12처럼 변수를 선언하면, a는 값, 12는 변수이다.
   ③ 변수를 선언할 때 쓰는 등호(=)는 같다 라는 뜻이다.
   ④ 변수에는 값을 숫자에서 문자열로 재할당할 수 있다.

5. 다음을 실행하면 어떤 출력 결과가 나올까요?
   ```
   a = 12
   print ( a )
   ```
   ① a   ② 12   ③ 'a'   ④ 오류 발생

6. 다음을 실행하면 어떤 출력 결과가 나올까요?
   ```
   x = 300
   y = 200
   z = x + y
   print ( z )
   ```
   ① 300   ② 200   ③ 500   ④ 300200

답   4.④ 5.② 6.③

05. 변수

미션

정보를 숨겨라 vs 단서를 찾아라

세계 최고의 미술관에 누군가 침범했어.

큰 미술관에서 순식간에 그림 몇 개를 털어가다니 범인은 한 명이 아니야.

범인들이 그림을 털어간 다음 어디서 모일지 탐정이 알아냈어. 바닥에 떨어진 저 종이가 단서인거 같아.

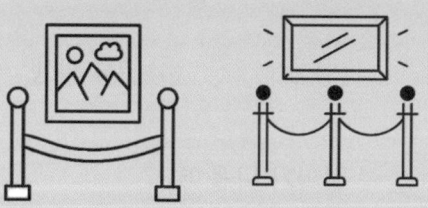

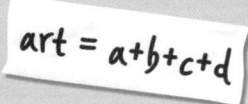

art = a+b+c+d

05. 변수

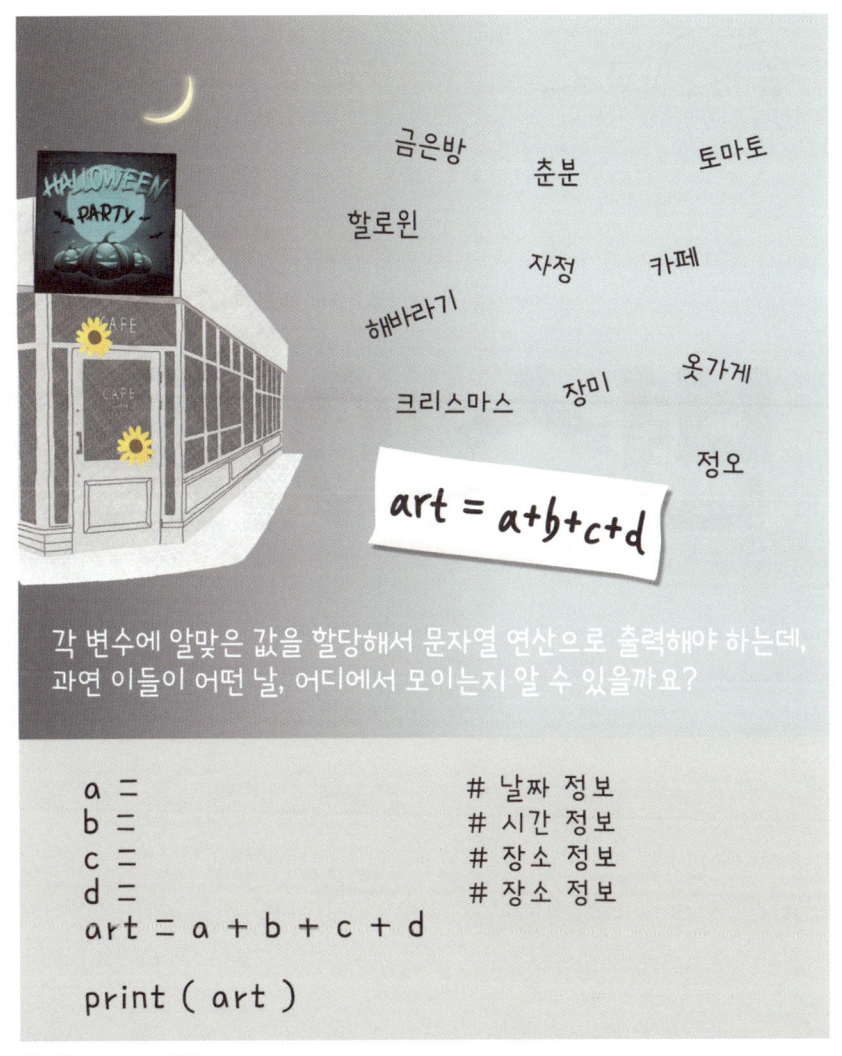

금은방 춘분 토마토
할로윈
       자정 카페
해바라기
크리스마스 장미 옷가게
              정오

art = a+b+c+d

각 변수에 알맞은 값을 할당해서 문자열 연산으로 출력해야 하는데, 과연 이들이 어떤 날, 어디에서 모이는지 알 수 있을까요?

```
a =                # 날짜 정보
b =                # 시간 정보
c =                # 장소 정보
d =                # 장소 정보
art = a + b + c + d

print ( art )
```

정답은 p.337에 있어요.

06.

변수 이름

06. 변수 이름

변수에 이름을 지어보자

이번에는 변수에 이름을 지어줄게요.

변수

- 데이터를 담는 그릇
- 내용물이 계속 변할 수 있음

변수는 그릇과 같았고 내용물이 계속 변할 수 있다고 했어요.

06. 변수 이름

변수에 이름은 왜 필요할까?

✓ 변수를 구분하기 위해

✓ 변수에 어떤 데이터가 있는지 알 수 있게

그러면, 변수에 이름은 왜 필요할까요?

변수가 하나가 아닌 여러 개이면
당연히 변수끼리 구분이 되어야 하고,

또, 그 변수에 무슨 데이터가 할당되어 있는지
이름만 보고도 알 수 있으면 좋겠죠.

이게 변수 이름을 짓는 이유입니다.

06. 변수 이름

변수에 이름을 지어보자

그러면 변수 이름은 어떻게 지어야 할까요?

파이썬은 변수에 이름을 붙이는 몇 가지 규칙을 정해놓고 있습니다.

06. 변수 이름

좋은 이름

　　　　나쁜 이름

　　　　　　　이상한 이름

파이썬 변수 이름에도
좋은 이름이 있고,
쓰면 안되는(오류가 생기는) 이름이 있습니다.

06. 변수 이름

이름만 봐도 저장한 데이터의 성격을 알수 있는 것

- total_sum, userAge 등

좋은 변수 이름이란 이름만 봐도
저장한 데이터의 성격을 알 수 있는 것입니다.

total_sum 변수는 '총 합계'를 담고 있을 것이라고
예측할 수 있고
userAge는 '사용자의 나이'라고 예측할 수 있겠죠?

이렇게 저장된 데이터가 어떤 것인지 알 수 있으면
좋은 변수 이름입니다.

06. 변수 이름

 변수 이름으로 가능해요.

알파벳 대/소문자   ex) age, User
숫자   ex) guest2
언더바(_)   ex) user_age

변수 이름에는 알파벳 대소문자, 숫자,
그리고 특수문자 중 언더바(_)만 사용할 수 있어요.

한글도 변수 이름으로 쓸 수 있지만 추천하지 않습니다.
코드는 글로벌 언어라고 할 수 있기 때문에,
내가 만든 코드를 전 세계 누구든 읽을 수 있어야 합니다.
그러니, 변수 이름은 영어 알파벳으로 만드는 것이
바람직합니다.

06. 변수 이름

 **변수 이름으로 쓸 수 없어요.**

숫자로 시작　　　　　ex) 1guest
중간에 공백　　　　　ex) user age
밑줄아닌 특수문자　　ex) pic%

변수 이름으로 쓰면 안되는 것도 있어요.

숫자는 변수 이름으로 쓸 수는 있는데
맨 앞자리에는 사용하면 안됩니다.
그리고 중간에 공백이 있으면 안되고
특수 문자는 언더바(_) 빼고는 모두 안됩니다.

이런 것들을 사용하면 바로 오류 메시지가 뜹니다.

06. 변수 이름

   파이썬의 문법 단어들도
변수 이름으로 쓸 수 없어요.

if, elif, else, True, False, del, and, or,
def, continue, break, import, class,
as, not, for, while...

위에 나열된 파이썬 문법 단어_{예약어}들은 변수 이름으로 사용할 수 없습니다. 이 단어들은 파이썬의 특정 문법을 만드는 데 사용되기 때문입니다.
이 단어들을 일일이 외울 필요는 없습니다.
파이썬을 공부해 가면서 자연스럽게 왜 이 단어들이 변수 이름으로 사용할 수 없는지 이해하게 될 것입니다. 또한, 코드를 작성할 때 예약어를 변수 이름으로 사용하면 오류 메시지가 나타나므로, 그때 이 단어들이 변수가 될 수 없다는 것을 알 수 있습니다.

06. 변수 이름

 대소문자는 구분해요.

Age, age
User, user

그리고, 파이썬 변수에서
같은 단어라도 대소문자는 구분합니다.

즉, 변수 Age와 변수 age,
변수 User와 변수 user는 각각 다른 변수입니다.

06. 변수 이름

다음은 변수 이름으로 가능할까요? ①

user name	userAge
2027year	friend^^
#sum	_sum
def	class_score

위에서 변수이름으로 가능한 것은 무엇일까요?

user name은 공백이 있어서 안되죠?
2027year는 숫자가 맨 앞으로 나와서 안돼요.
언더바(_)가 아닌 특수문자(^^, #)도 안되며
def는 파이썬의 문법 단어 예약어 입니다.

여기서 변수 이름으로 가능한 것은 무엇일까요?
(답 : userAge, _sum, class_score)

06. 변수 이름

다음은 변수 이름으로 가능할까요? ②

89hobby   class_32_a
month/3   Korea
@mail   and
True   CABIN

89hobby는 숫자가 맨 앞으로 나와서 안됩니다.
month/3, @mail은 특수문자가 있어서 안됩니다.
True, and는 파이썬의 예약어입니다.

여기서 변수 이름으로 가능한 것은 무엇이죠?
(답 : class_32_a, Korea, CABIN)

06. 변수이름

핵심 요약

● **좋은 변수 이름은?**

이름만 봐도 저장한 데이터의 성격을 알 수 있는 것

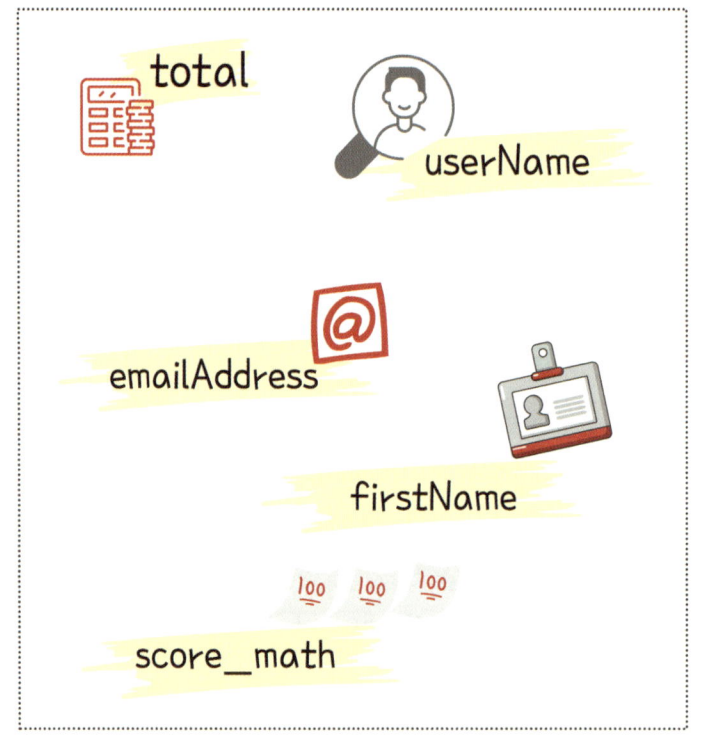

06. 변수이름

● **변수 이름 짓는 규칙**

가능해요
- 알파벳 대/소문자   ex) age, User
- 숫자   ex) guest2
- 언더바(_)   ex) user_age

안돼요
- 숫자로 시작   ex) 1guest
- 중간에 공백   ex) user age
- 밑줄아닌 특수문자   ex) pic%
- 기타 파이썬이 정한 문법어

!
달라요
대소문자는 구분해요
ex) Age와 age는 달라요
    User와 user는 달라요

06. 변수이름

코드 실습

pyrun.kr에서 다음을 각각 입력하고 실행해 보세요.

입력

```
user name = 'Tom'
print ( user name )
```

입력

```
user_name = 'Tom'
print ( user_name )
```

```
1 user name = 'Tom'
2 print ( user name )
```

RUN (Ctrl + Enter)   Refresh

오류 발생

```
Traceback       cent cal
File  /home/pyodide/pysc
    return TopLevelAsyncFi
```

```
1 user_name = 'Tom'
2 print ( user_name )
```

RUN (Ctrl + Enter)   Refresh

Tom

변수 이름에 공백이 있으면 오류가 납니다. user_name, userName, username 등으로 수정합니다.

파이썬 연습장
pyrun.kr

06. 변수이름

입력
```
2029year = '닭의 해'
print ( 2029year )
```

```
1 2029year = '닭의 해'
2 print ( 2029year )
```
RUN (Ctrl + Enter)   Refresh

오류 발생

```
Traceback (most recent cal
  File "/home/pyodide/pysc
    return TopLevelAsyncFi
  File "/home/pyodide/pysc
    no          se(sourc
                3.10/as
    return compile(source,
  File "<unknown>", line 1
    2029year = '닭의 해'
```

입력
```
year2029 = '닭의 해'
print ( year2029 )
```

```
1 year2029 = '닭의 해'
2 print ( year2029 )
```
RUN (Ctrl + Enter)   Refresh

닭의 해

변수 이름은 숫자로 시작하면 오류가 생깁니다. 2029year를 year2029나 year_2029 등 숫자가 맨 앞에 위치하지 않도록 수정해 봅니다.

파이썬 연습장
pyrun.kr

06. 변수이름

퀴즈

1. 변수이름에 대한 설명으로 옳지 않은 것을 고르시오.
   ① 대소문자를 구분한다.
   ② 숫자가 맨 앞에 올 수 있다.
   ③ 특수문자 +, -, *, /는 사용할 수 없다.
   ④ 파이썬의 키워드(if, for, or 등)은 사용할 수 없다.

2. 변수 이름을 지을 때는 규칙이 있습니다. 다음 중 변수로 불가능한 것은 무엇일까요?
   ① book35   ② 35book   ③ _82   ④ a3

3. 다음 중 변수이름으로 가능한 것은 무엇일까요?
   ① False   ② if   ③ =   ④ Number

4. 다음 중 변수이름으로 알맞지 않은 것은 무엇일까요?
   ① my_name   ② a4
   ③ _age   ④ you&me

답 1.② 2.② 3.④ 4.④

06. 변수이름

5. 다음 중 변수이름으로 알맞지 않은 것은 무엇일까요?
   ① _5N6_
   ② our world
   ③ Sunday
   ④ book_price

6. 다음을 실행하면 오류가 생깁니다. 오류가 없도록 수정한 것은 무엇일까요?

   ```
   Team Korea = 'tiger'
   print ( Team Korea )
   ```

   ① Team Korea = tiger
      print (Team Korea)
   ② Team Korea = 'tiger'
      print (Team Korea)
   ③ Team_Korea = tiger
      print (Team_Korea)
   ④ Team_Korea = 'tiger'
      print (Team_Korea)

답 5.② 6.④

06. 변수이름

미션 ①

마녀의 저주를 풀어라 ~

마녀의 저주로 내 절친 둘이 뱀이 되었어요.
저주를 푸는 마법의 프로그래밍을 해야하는데,
그러려면 적당한 변수 이름이 있어야 해요.

당신은 파이썬을 배웠다면서요?
변수 이름으로 오류가 나지 않는 것을 2개만 골라주세요.
변수 하나에는 내 절친 나이인 23을 담을 거고, 또 다른 변수에는
마녀와의 결투 숫자를 모두 합한 합계인 21을 할당할 거에요.
오류가 나지 않는 변수 이름을 골라 할당하고 각각 출력해 주세요.
잘 좀 부탁드려요 ~

정답은 p.338에 있어요.

06. 변수이름

미션 ②

 # 여우와 두루미   # 제대로 담아 주세요

여우가 두루미를 초대했는데, 접시를 본 두루미가 화를 내고 있어요.
납작한 접시에 음식을 담아주면 입이 뾰족한 두루미는 먹을 수 없죠.

두루미야, 화내지마. 오해야 ~
둘이 화해하고 맛있는 식사를 할 수 있도록 도와주세요.

두루미crane 변수를 선언해서 호리병vial을 할당하고,
여우fox 변수를 선언해서 접시dish를 할당해 주세요.
그리고 '두루미는 호리병'과 '여우는 접시'를 각각 출력해 주세요.

정답은 p.339에 있어요.

07. 주석

07. 주석

주석 comment

주석이란 뭘까요?

여러 뜻이 있는데,
프로그래밍에서 주석은 '설명' 혹은 '메모'에 가까워요.
프로그램 코드로는 특수기호 #를 씁니다.
기호는 키보드 숫자 3과 같이 있습니다.

영어로 주석을 comment 코멘트 라고 합니다.

07. 주석

냉장고에 **메모**가 붙어있네요.

예를 들어 볼게요.
냉장고에 메모가 붙어 있어요.

07. 주석

이 메모는 누구를 위한 것일까요?

07. 주석

1. 냉장고한테 ?
2. 사람들한테 ?

냉장고한테 하는 말일까요?
아니면 이 메모를 보는 사람에게 하는 말일까요?

주석 (#)

코드 사이에 메모를 남길 때
컴퓨터에게 하는 명령어가 아니에요.
코드를 보는 사람에게 전하는 말이에요.
실행되지 않아요.

주석은 프로그래밍 코드 안에 쓰지만
컴퓨터가 아닌 사람에게 전하는 말이에요.

즉, 코드 사이에 쓰는 메모, 포스트 잇과 같다고
생각하면 돼요.

그리고, 이건 그냥 메모이기 때문에
프로그래밍 코드로서 실행되지 않습니다.

07. 주석

주석 연습

주석은 출력되지 않아요.
주석은 '#' 기호를 사용해요.

print ('이 부분만 출력되요.')
#print ('출력되지 않는 부분')

```
1 #주석은 출력되지 않아요.
2 #주석은 '#' 기호를 사용해요.
3
4 print('이 부분만 출력되요.')
5 #print('출력되지 않는 부분')
```

이 부분만 출력되요.

주석 코드가 있는 예제를 실행해 보세요.
표시 이후는 주석으로, 출력되지 않습니다.

07. 주석

```
candy = 80  #주문 완료
pie = 90  #주문 예정
print ( candy + pie )


#pie = 50
print ( candy + pie )
```

```
1 candy = 80  #주문 완료
2 pie = 90     #주문 예정
3 print ( candy + pie )
4
5 #pie = 50
6 print ( candy + pie )
```

170
170

표시 이후는 실행되지 않아서,
#pie = 50 코드도 실행되지 않습니다.
pie = 50 코드 앞의 # 표시가 있을 때와 없을 때를
비교해보면서 실행해 보세요.

07. 주석

핵심 요약

\# 주석 (comment)

- 주석은 #로 표시해요.

- 코드를 작성한 사람이 코드 사이에 메모를 남기고 싶을 때 사용해요.

- 코드가 아니어서 실행되지 않아요.

- 컴퓨터에게 하는 명령어가 아니고 프로그램을 읽는 사람을 위한 것이죠.

- 주석 표시 (#) 이후는 모두 주석이에요.

- 주석이 여러 줄이라면?
  작은따옴표 3쌍(''' ''') 혹은
  큰따옴표 3쌍(""" """)을 씁니다.

07. 주석

```
# 내 도서 목록
print ("빨강머리 앤", "홍길동전")  # 이미 읽음
print ("전쟁과 평화")  # 읽을 책
```

요렇게 입력하면,

빨강머리 앤 홍길동전
전쟁과 평화

주석은 빼고 요렇게 출력돼요.

07. 주석

코드 실습

pyrun.kr에서 다음을 각각 입력하고 실행해 보세요.

입력

먹고 싶은 메뉴
print ('피자') 오늘
print ('치킨') 내일

입력

#먹고 싶은 메뉴
print ('피자') #오늘
print ('치킨') #내일

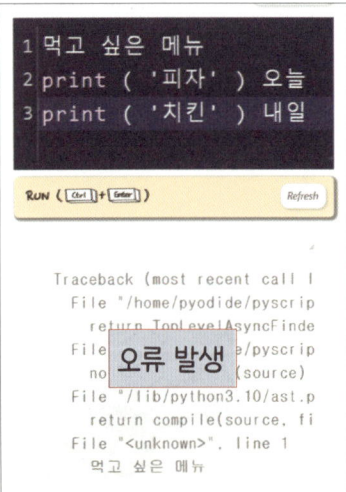

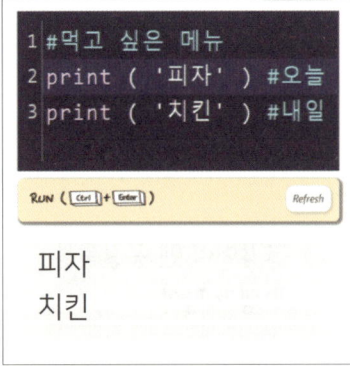

피자
치킨

주석 표시(#)를 맨 앞에 하면 그 줄은 모두 주석이며, 코드 중간에 주석 표시를 하면 이후가 주석입니다.

파이썬 연습장
pyrun.kr

07. 주석

입력
```
x = 5
y = 1
#z = 2

print ( x - y - z )
```

```
1 x = 5
2 y = 1
3 #z = 2
4
5 print ( x - y - z )
```
RUN (Ctrl + Enter) Refresh

```
Traceback (most recent call l
  File                  10/_pyod
    .r   오류 발생  cals)
  File                  10/_pyod
    coroutine = eval(self.cod
  File "<exec>", line 5, in <
NameError: name 'z' is not de
```

입력
```
x = 5
y = 1
z = 2

print ( x - y - z )
```

```
1 x = 5
2 y = 1
3 z = 2
4
5 print ( x - y - z )
```
RUN (Ctrl + Enter) Refresh

2

z = 2 코드 앞의 주석(#) 표시를 해제하여 변수 z가 실행되었습니다.

파이썬 연습장
pyrun.kr

07. 주석

퀴즈

1. 파이썬에서 주석으로 사용되는 기호는 무엇일까요?
   ① *   ② #   ③ @   ④ &

2. 주석에 대한 다음 설명 중 옳지 않은 것은 무엇일까요?
   ① #으로 시작하는 문장은 주석이다.
   ② #이 중간에 들어가도 그 문장은 모두 주석이다.
   ③ 여러 줄의 주석은 작은 따옴표 3개를 사용한다.
   ④ 여러 줄의 주석은 큰 따옴표 3개를 사용한다.

3. 다음을 실행하면 어떻게 출력될까요?
   ```
   #aaa
   print ( 'bbb' ) # ccc
   ```
   ① #aaa   ② aaa
     bbb #ccc   bbb ccc
   ③ bbb ccc   ④ bbb

답 1.② 2.② 3.④

07. 주석

미션

동물원의 점심식사

동물들에게 점심을 줘야 하는데,
다음 코드가 오류나서 점심 배급이 늦어지고 있어요.
중간에 적절한 기호를 넣어서 코드가 오류나지 않게 도와주세요.

오늘의 점심 메뉴

a = '옥수수'   당나귀 점심
b = '바나나'   원숭이 점심

당나귀에게 a를 5개 주세요.
print ('당나귀는', a, 5)

원숭이는 b를 2개 주세요.
print ('원숭이는', b, 2)

정답은 p.340에 있어요.

08. 데이터 담기

08. 데이터 담기

데이터 담기

여태까지 데이터를 담는 변수와,
그 변수에 이름을 짓는 규칙을 알아봤어요.

이번에는 변수에 데이터를 담는 여러 규칙들을 알아
봅니다.

08. 데이터 담기

변수에
여러 개의
데이터를 담는
4가지 방법

여태까지 우리는 변수에 하나의 데이터를 담는 것만 주로 연습했어요.

그런데, 어떨 때는 하나가 아닌, 여러 개의 데이터를 하나로 묶어서 담아야 할 경우가 있어요.

그럴 때, 그렇게 하나가 아닌 여러 개, 혹은 아주 많은 데이터를 담는 방법은 4가지가 있습니다.

08. 데이터 담기

리스트
list

리스트 **튜플**
list **tuple**

08. 데이터 담기

리스트　튜플　**세트**
list　　tuple　set

리스트　튜플　세트　**딕셔너리**
list　　tuple　set　**dictionary**

08. 데이터 담기

리스트 튜플 세트 딕셔너리
list   tuple   set   dictionary

파이썬이 데이터를 담는 방법에는
리스트, 튜플, 세트, 딕셔너리,
이렇게 4가지 방법이 있어요.

08. 데이터 담기

담아볼까요?

자, 그러면 파이썬 변수에 데이터를 담아볼까요?

08. 데이터 담기

오늘 먹을 과일은 ~

"apple", "pineapple", "watermelon", "banana", "apple"

먼저 담을 데이터입니다.

사과, 파인애플, 수박, 바나나, 사과
이 과일들이 오늘 먹을 과일이라고 생각해보죠.

08. 데이터 담기

과일을 담는 4가지 방법

이 과일들을 4가지의 각기 다른 방법으로
담아볼게요.

08. 데이터 담기

["apple", "pineapple", "watermelon", "banana", "apple"]
("apple", "pineapple", "watermelon", "banana", "apple")
{ "apple", "pineapple", "watermelon", "banana", "apple" }
{ "apple" : "백화점", "pineapple" : "편의점",
"watermelon" : "시장", "banana" : "수퍼마켓", "apple" : "백화점" }

묶은 기호가 조금씩 다르죠?

대괄호로 묶은 것, 소괄호로 묶은 것, 중괄호를 묶은 것, 사전처럼 콜론으로 묶은 것 등이에요.

하나씩 살펴봅니다.

08. 데이터 담기

리스트 [ ]

[ ,  ,  ,  , ]

["apple", "pineapple", "watermelon", "banana", "apple"]

- 내용물의 순서가 중요할때 써요.
- 내용(값, 데이터)을 수정할 수 있어요.

이렇게 대괄호로 묶은 것은 list_{리스트}라고 해요. 리스트는 순서가 중요하고 내용물의 변경이 많을 때 사용하는 방법입니다.

대괄호로 묶은 것은 언제든지 내용을 수정할 수 있어요. 즉, 더 추가할수 도 있고, 삭제도 되고, 교체도 되고, 내용물끼리 순서를 바꿀 수도 있어요.

08. 데이터 담기

튜플( )

( ,  ,  ,  , )

("apple", "pineapple", "watermelon", "banana", "apple")

- 순서 중요
- 내용(값, 데이터)을 수정할 수 없어요.

이렇게 소괄호로 묶은 것은 tuple튜플이라고 해요. tuple이란 영단어는 처음 봤죠? 파이썬에서만 쓰는 말이에요.

이렇게 튜플로 묶은 것은
순서가 중요하고, 내용물을 수정할 수 없어요.
읽기 전용 같은 느낌이죠.

08. 데이터 담기

세트 { }

{  ,  ,  ,  ,  }

{ "apple", "pineapple", "watermelon", "banana", "apple" }

- 순서대로 보관해주지 않아요.
- 중복된 것은 1개만 기억해요.

이건 set세트라는 형식이에요.

중괄호로 묶어주는데,
이 세트는 이렇게 다 담아놓아도 출력할 때는
중복된 것을 다 털어내고 한 개만 대표로 보여줍니다.

순서대로 보관해 주지도 않아요.

08. 데이터 담기

딕셔너리 { : }

{ "apple" : "백화점", "pineapple" : "편의점",
"watermelon" : "시장", "banana" : "수퍼마켓", "apple" : "백화점" }

- 사전처럼 설명이 붙어있어요.
- key : value 형태

마지막으로, dictionary 딕셔너리 입니다.

세트처럼 중괄호로 묶어주지만,
설명이 붙은 데이터들이 마치 사전 딕셔너리 같다고 해서
이름이 딕셔너리입니다.

08. 데이터 담기

["apple", "pineapple", "watermelon", "banana", "apple"]

("apple", "pineapple", "watermelon", "banana", "apple")

{ "apple", "pineapple", "watermelon", "banana", "apple" }

{ "apple" : "백화점", "pineapple" : "편의점",
  "watermelon" : "시장", "banana" : "수퍼마켓", "apple" : "백화점" }

각 값을 묶어주는 기호에 따라
데이터를 담고 다루는 규칙이 달라집니다.

그럼, 이 4가지 방법을 다음 장부터 하나씩 살펴봅니다.

08. 데이터 담기

핵심 요약

08. 데이터 담기

코드 실습

pyrun.kr에서 다음을 각각 입력하고 실행해 보세요.

입력

```
a = [ 1, 2, 3 ]
print ( a )
```

입력

```
b = ( 1, 2, 3 )
print ( b )
```

```
1  a = [ 1, 2, 3 ]
2  print ( a )
```
RUN (Ctrl + Enter)   Refresh

[1, 2, 3]

```
1  b = ( 1, 2, 3 )
2  print ( b )
```
RUN (Ctrl + Enter)   Refresh

(1, 2, 3)

[ ] 기호를 사용하는 리스트를 출력해 봅니다.

( ) 기호를 사용하는 튜플을 출력해 봅니다.

파이썬 연습장
pyrun.kr

08. 데이터 담기

입력
```
c = { 1, 2, 3 }
print ( c )
```

```
1 c = { 1, 2, 3 }
2 print ( c )
```
RUN (Ctrl + Enter)   Refresh

{1, 2, 3}

{ } 기호를 사용하는 세트를 출력해 봅니다.

입력
```
d = { 'name' : 'Sam',
      'age' : 5 }
print ( d )
```

```
1 d={'name':'Sam',
2    'age' : 5 }
3 print ( d )
```
RUN (Ctrl + Enter)   Refresh

{'name' : 'Sam', 'age' : 5}

{ } 기호를 사용하는, 설명이 붙은 항목을 담은 딕셔너리를 출력해 봅니다.

파이썬 연습장
pyrun.kr

퀴즈

1. 파이썬 변수에 데이터를 담는 구조가 아닌 것은 무엇일까요?

    ① 튜플　　② 그룹　　③ 세트　　④ 리스트

2. 아래 x의 자료 구조는 무엇일까요?

    x = [1, 2, 3, 4, 5]

    ① 리스트　　② 튜플　　③ 세트　　④ 딕셔너리

3. 아래 y의 자료 구조는 무엇일까요?

    y = (1, 2, 3, 4, 5)

    ① 리스트　　② 튜플　　③ 세트　　④ 딕셔너리

4. 아래 z의 자료 구조는 무엇일까요?

    z = { 1, 2, 3, 4, 5 }

    ① 리스트　　② 튜플　　③ 세트　　④ 딕셔너리

5. 아래 K의 자료 구조는 무엇일까요?

    K = { 'name' : 'Ez', 'age' : 20, 'hobby' : 'soccer' }

    ① 리스트　　② 튜플　　③ 세트　　④ 딕셔너리

답　1.②　2.①　3.②　4.③　5.④

미션

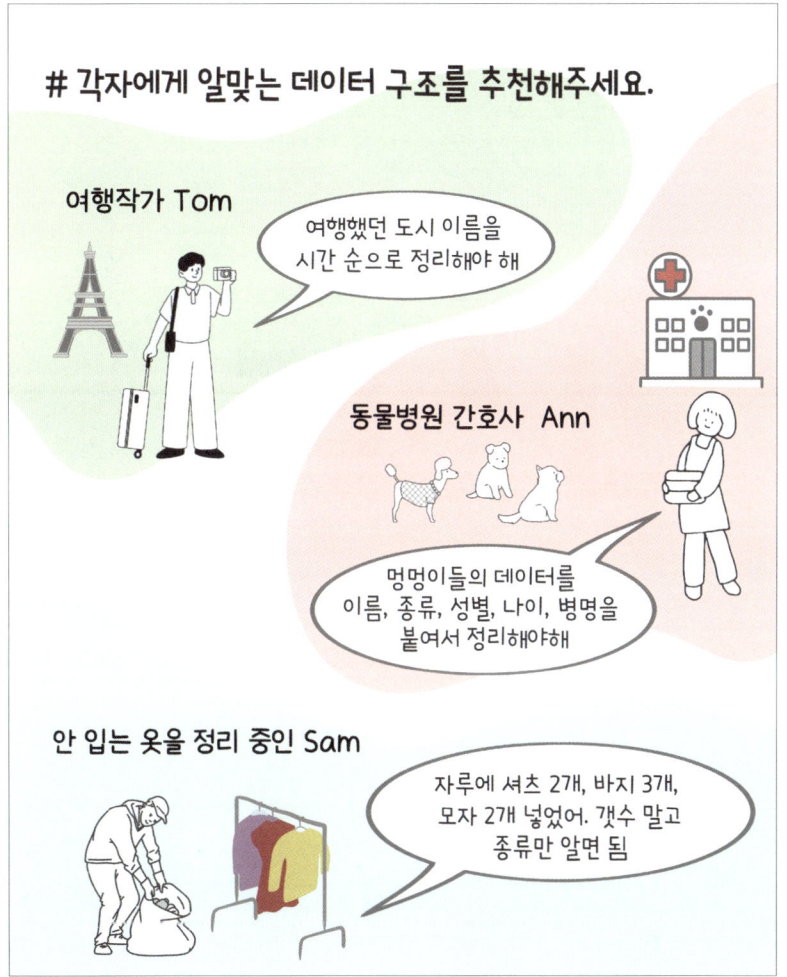

09.
리스트

09. 리스트

파이썬이
데이터를 담는
4가지 방법 1

파이썬이 데이터를 담는 4가지 방법 중 첫 번째입니다.

09. 리스트

변수에 여러 개의 데이터를 담는 4가지 방법 1

즉, 좀 더 자세히 말하면,

파이썬 변수에 여러 개의 (혹은 아주 많은) 데이터를 담는 4가지 방법 중 첫 번째입니다.

09. 리스트

리스트

[, , , ]

바로 리스트라는 형태인데요.
리스트는 이렇게 대괄호로 묶어서 표시하죠?

09. 리스트

리스트 [, , , ,]

− 여러 값을 저장하고 관리하고 싶을 때

리스트는
하나가 아닌,
여러 값을 저장하고 관리하고 싶을 때
사용하는 방법이고요.

09. 리스트

리스트

- 여러 값을 저장하고 관리하고 싶을 때
- 데이터 변경 가능

이 안의 데이터는 변경 가능해요,
바나나를 빼고 오렌지를 넣을 수도 있고,
사과를 빼고 자두를 넣어도 되요.

대괄호로 묶은 리스트의 데이터는 변경이 가능해요.
추가하거나 삭제하거나 교체하는 것 모두 가능해요.

09. 리스트

리스트

- 여러 값을 저장하고 관리하고 싶을 때
- 데이터 변경 가능
- 데이터 순서 중요 (순서는 변경 가능)

또, 리스트는 담은 데이터의 순서가 중요해요.
물론, 순서도 변경할 수 있어요.

09. 리스트

리스트

- 여러 값을 저장하고 관리하고 싶을 때
- 데이터 변경 가능
- 데이터 순서 중요 (순서는 변경 가능)

리스트의 위와 같은 특징들을 기억하세요.

데이터 담는 다른 3가지 방법들과
값을 담는 규칙, 기호, 담은 값들을 다루는 방법 등에
차이가 있습니다.

09. 리스트

numbers = [1, 5, 7, 2]

변수 numbers를 선언하고
리스트 [1, 5, 7, 2]를 할당

이 numbers라는 변수에
1, 5, 7, 2 라는 값이 들어있는 리스트를 할당했어요.

변수에 리스트를 할당하면
이 변수는 리스트 변수가 됩니다.

09. 리스트

food = ["치킨", "짜장면, "튀김"]

변수 food를 선언하고
리스트 ["치킨", "짜장면", "튀김"]을 할당

이번에는 food라는 변수를 선언하고
치킨, 짜장면, 튀김이라는 문자열이 들어있는
리스트를 할당했어요.

이 food라는 변수도 리스트를 할당했으니
food도 리스트 변수입니다.

09. 리스트

```
numbers = [ 1, 5, 7, 2 ]
              요소 (element)
food = [ "치킨", "짜장면, "튀김" ]
```

이렇게 리스트 안에 넣은 각각의 데이터를 요소element라고 해요.

09. 리스트

```
numbers = [ 1, 5, 7, 2  ]
print ( numbers )

menu = [ "치킨", "짜장면", "튀김" ]
print ( menu )
```

```
1 numbers = [1,5,7,2]
2 print ( numbers )
3
4 menu = ["치킨","짜장면","튀김"]
5 print ( menu )
```

[1, 5, 7, 2]
['치킨', '짜장면', '튀김']

리스트 구조를 출력해 봅니다.
숫자로 이루어진 리스트와
문자열로 이루어진 리스트를 각각 출력해 보세요.

09. 리스트

백만 유튜버의
먹방 메뉴

백만 유튜버가 먹방을 찍고 있어요.
이 유튜버의 먹방 메뉴를 리스트로 만들어볼게요.

09. 리스트

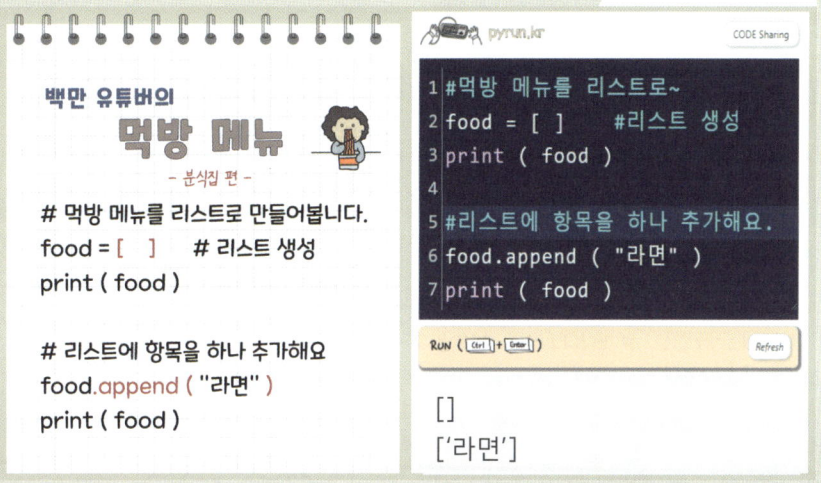

먼저, food라는 변수를 선언하고 빈 리스트를 [ ]라고 할당해줍니다. 그런 다음 print (food)를 실행하면 빈 리스트 [ ]가 출력됩니다.

이번에는 먹방할 메뉴 하나를 추가합니다.
리스트에 항목 하나를 추가할 때는
.append( )를 써줍니다.

실행하면 '라면'이 리스트 구조로 출력됩니다.

09. 리스트

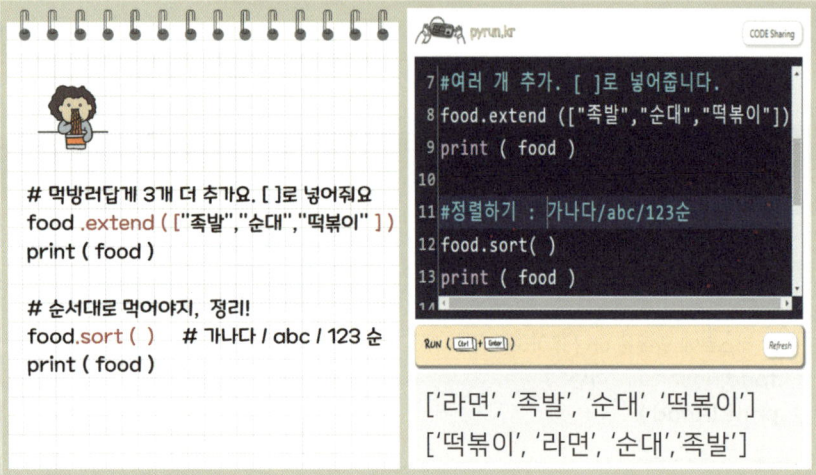

앞의 코드를 지우지 말고 계속 이어서 해보세요.
이번엔 메뉴 3개를 한꺼번에 추가합니다.
한번에 여러 개 추가할 때는 '확장하다'의 의미인
extend를 .extend( ) 형태로 쓰고 리스트 형태로
넣어줍니다.

다음, .sort( )를 써서 가나다 순, 알파벳 순으로 정렬
해 봅니다. 그런데, sort 뒤 괄호는 왜 비워져 있을까
요? 전체 요소를 대상으로 정렬해야 하기 때문입니다.

09. 리스트

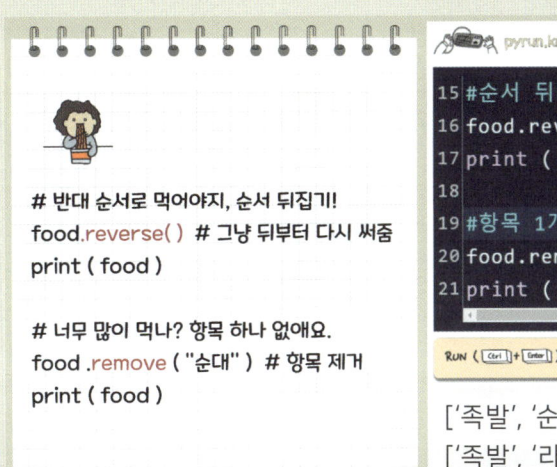
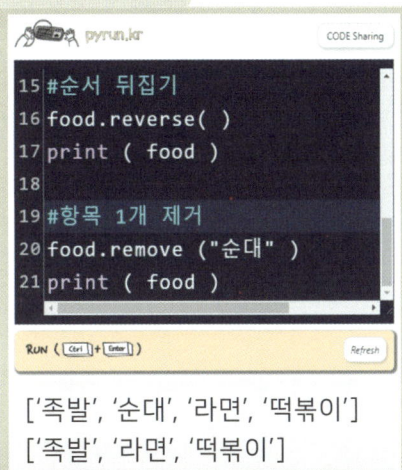

['족발', '순대', '라면', '떡볶이']
['족발', '라면', '떡볶이']

마찬가지로 앞의 코드에 계속 이어서 해보세요. 이번에는 순서를 뒤에서부터 반대로 다시 써주는 .reverse( )입니다. '거꾸로 하다'라는 영어단어 reverse 뜻 그대로 파이썬에서 쓰이고 있습니다. 역시 전체 요소를 대상으로 하기에 괄호 안은 비워 줍니다.

다음은 삭제입니다. .remove( )로 쓰고 괄호 안에 삭제할 요소를 넣으면 됩니다.

09. 리스트

```
# 다 먹었어요~
food.clear ( )    # 리스트 비우기
print ( food )
```

앞의 코드를 지우지 말고 계속 이어서 해보세요.
위에서는 전체 코드에서 아래 부분만 캡쳐했습니다.

이제 먹방 유튜버가 메뉴의 음식들을 다 먹었대요.
.clear ( ) 코드를 사용해 리스트를 모두 비웁니다.

여태까지 리스트를 만들고 추가, 여러 개 추가, 정렬,
순서 뒤집기, 삭제, 비우기 등을 했습니다.
코드들이 영어단어 의미 그대로라 어렵지 않습니다.

09. 리스트

```
1  food = [ ]                      # 빈 리스트 만들기
2  print ( food )
3
4  food.append ( "라면" )          # 항목 하나 추가
5  print ( food )
6
7  food.extend (["족발", "순대", "떡볶이"]) # 여러 개 추가
8  print ( food )
9
10 food.sort ( )                   # 정렬하기
11 print ( food )
12
13 food.reverse ( )                # 순서 뒤에서부터 쓰기
14 print ( food )
15
16 food.remove ( "순대" )          # 항목 하나 제거
17 print ( food )
18
19 food.clear ( )                  # 리스트 비우기
20 print ( food )
```

```
[]
['라면']
['라면', '족발', '순대', '떡볶이']
['떡볶이', '라면', '순대','족발']
['족발', '순대', '라면', '떡볶이']
['족발', '라면', '떡볶이']
[]
```

전체 코드는 위와 같습니다.

핵심 요약

리스트 list

[, , , ,]

- [ ]로 묶는다.

- 여러 값을 저장하고 관리하고 싶을 때

- 데이터 (요소) 변경 가능

- 데이터 순서 중요

- 리스트 다루기

    list.append ( )   리스트에 요소 하나 추가
    list.extend ( )   리스트에 요소 여러 개 추가
    list.sort ( )   리스트 정렬
    list.reverse ( )   리스트 순서 뒤집기
    list.remove ( )   리스트 요소 제거
    list.clear ( )   리스트 비우기

코드 실습

```
1  score = [ ]              # 빈 리스트 만들기
2  print ( score )
3
4  score.append ( 24 )      # 항목 1개 추가
5  print ( score )
6
7  score.extend ([ 9, 54, 17, 21]) # 항목 여러 개 추가
8  print ( score )
9
10 score.sort ( )           # 정렬하기
11 print ( score )
12
13 score.reverse ( )        # 순서 뒤집기
14 print ( score )
15
16 score.remove ( 54 )      # 항목 1개 제거
17 print ( score )
18
19 score.clear ( )          # 리스트 비우기
20 print ( score )
```

```
[]
[24]
[24, 9, 54, 17, 21]
[9, 17, 21, 24, 54]
[54, 24, 21, 17, 9]
[24, 21, 17, 9]
[]
```

09. 리스트

퀴즈

1. 리스트에 대한 설명 중 옳지 않은 것은 무엇일까요?
   ① 여러 값을 저장하고 관리하기 위한 자료구조이다.
   ② 순서가 중요하다.
   ③ 데이터를 변경할 수 없다
   ④ [ ]로 표시한다.

2. 빈 리스트를 만들려고 할 때 알맞은 것은 무엇일까요?
   ① a = [ ]   ② a.append ( )
   ③ a.extend ( )   ④ a.clear ( )

3. 리스트 변수 num에 한 개의 요소를 추가할 때 사용할 것은?
   ```
   num = [ 10, 20, 30 ]
   num_____ ( 40 )
   print ( num )
   #결과
   [ 10, 20, 30, 40 ]
   ```
   ① .append   ② .extend   ③ .add   ④ .remove

답 1.③ 2.① 3.①

09. 리스트

4. 다음을 실행하면 출력 결과는 무엇일까요?

```
num = [ 1, 3, 5, 7, 9 ]
num.remove ( 3 )
print ( num )
```

① [1, 5, 7, 9]　② [7, 9]　③ [1, 3, 7, 9]　④ 오류발생

5. 다음 코드의 실행 결과는 무엇일까요?

```
score = [ 11, 23, 45, 7, 9 ]
score.sort ( )
print ( score )
```

① [11, 23, 45, 7, 9]　　② [9, 7, 11, 23, 45]
③ [7, 9, 11, 23, 45]　　④ {45, 23, 11, 9, 7}

6. 리스트 변수를 모두 비우려고 할 때 빈칸에 알맞은 것은?

```
food = [ 'cake', 'candy', 'snack' )
food_____ ( )
```

① .del　② .remove　③ .minus　④ .clear

답　4.①　5.③　6.④

미션 ①

 # 헨젤과 그레텔, 파이썬 배우러 가는 길

헨젤이 미로를 따라 놓여있는 숫자 과자들을 num 이라는 변수에 숫자 형태로 담으려고 합니다. 순서가 중요한 리스트 형태로 담아야겠죠? 그래야 그 순서를 보고 그레텔이 따라갈 수 있어요.

정답은 p.341에 있어요.

미션 ②

내가 좋아했던 그 모든 것들 ~

여태까지 내가 좋아했던 것들을
리스트로 만들어보세요.

favor란 변수를 선언해 빈 리스트를 할당하고,
추가, 여러 개 추가, 정렬, 순서 뒤집기, 하나 삭제, 전부 비우기를
해보세요.

내가 정말 좋아한 것은 무엇이었을까요?

정답은 p.342에 있어요.

10. 리스트 연산

10. 리스트 연산

리스트 연산

리스트 더하기	[ ] + [ ]
리스트 곱하기	[ ] * 숫자

리스트도 문자열처럼 더하거나 곱할 수 있답니다.

문자열 연산

문자열 더하기	" " + " " (연결)
문자열 곱하기	" " * 숫자 (반복)

〈4장. 문자열 연산〉에서 문자열 더하기와 곱하기를 배웠어요. 잠깐 다시 복습해 보면...

10. 리스트 연산

문자열 더하기를 하면 문자열끼리 연결되었고,

문자열을 숫자만큼 곱하면 그만큼 반복이었죠.

10. 리스트 연산

백만 유튜버의
먹방 메뉴 2

리스트끼리도 더할 수 있고
리스트에 숫자를 곱할 수 있습니다.

먹방 메뉴 2로 리스트 연산을 연습해 봅니다.

10. 리스트 연산

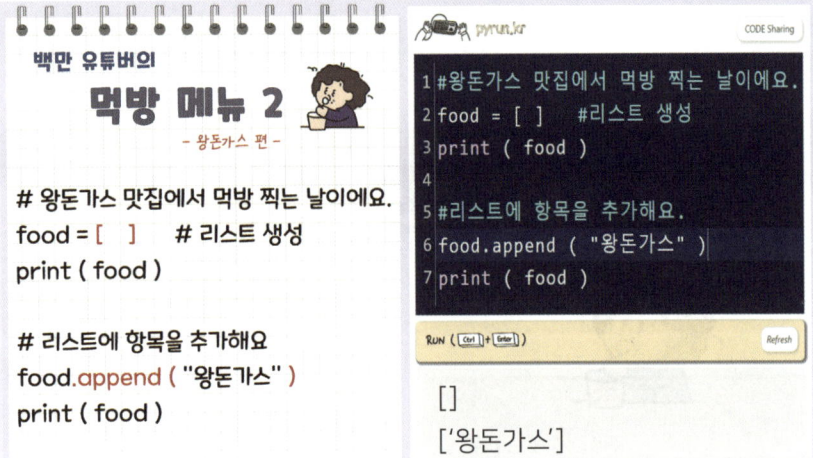

리스트의 곱하기 연산을 먼저 해봅니다.

food라는 빈 리스트를 만들고,
.append ( )를 사용해 왕돈가스 한 개를 추가합니다.

10. 리스트 연산

코드를 계속 이어서 쓰세요.

이번에는 변수 food에 숫자 3을 곱합니다.
위 코드를 실행하면
['왕돈가스', '왕돈가스', '왕돈가스']가 출력됩니다.

하나의 리스트 안에서 요소가 세 번 반복됩니다.

파이썬 연습장
pyrun.kr

10. 리스트 연산

이번에는 리스트의 더하기 연산을 해봅니다.

먹방 1편 메뉴와 먹방 2편 메뉴를 모두 더해 봅니다.

10. 리스트 연산

['라면', '족발', '떡볶이', 왕돈가스']

분식집 편의 메뉴를 food1으로,
돈가스집 편의 메뉴를 food2로 선언하고
각 메뉴들을 할당하고 menu라는 변수에 더합니다.

그러면 food1, food2 두 변수의 요소들이
하나의 리스트 안에서 합쳐집니다.

파이썬 연습장
pyrun.kr

핵심 요약

리스트 연산

- 리스트 + 리스트 : 한 개의 리스트로 합쳐짐

- 리스트 * 숫자 : 한 개의 리스트 안에서 곱한 횟수만큼 요소가 반복됨

10. 리스트 연산

코드 실습

pyrun.kr에서 다음을 각각 실행하고 비교해 보세요.

입력
```
# 숫자 연산
a = 1
b = 2
c = 3

num = a + b + c
print ( num )
```

입력
```
# 문자열 연산
a = '1'
b = '2'
c = '3'

num = a + b + c
print ( num )
```

```
1 # 숫자 연산
2 a = 1
3 b = 2
4 c = 3
5
6 num = a + b + c
7 print ( num )
```
6

숫자 연산으로 숫자 6이 출력됩니다.

```
1 # 문자열 연산
2 a = '1'
3 b = '2'
4 c = '3'
5
6 num = a + b + c
7 print ( num )
```
123

문자열 연산으로 문자열 123(일이삼)이 출력되었어요.

파이썬 연습장
pyrun.kr

10. 리스트 연산

입력

```
#리스트 더하기 연산
a = [ 1, 2 ]
b = [ 3, 4 ]
c = [ 5, 6 ]

num =a+b+c
print ( num )
```

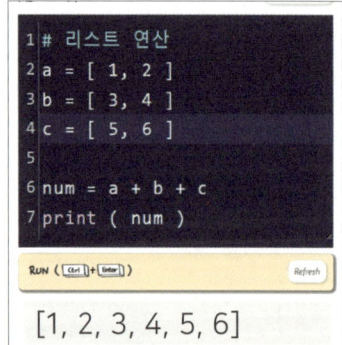

[1, 2, 3, 4, 5, 6]

3개의 리스트를 더하기 연산을 실행하니, 하나의 리스트 [1,2,3,4,5,6]이 출력되었습니다.

입력

```
# 리스트 곱하기 연산
fruit=['kiwi', 'pear']
fruit = fruit * 3

print ( fruit )
```

['kiwi', 'pear', 'kiwi', 'pear', 'kiwi', 'pear']

리스트에 숫자를 곱해 리스트 안의 요소들이 숫자만큼 반복 출력되었습니다.
숫자 곱하기와 문자열 곱하기도 코드를 만들어서 리스트 곱하기와 같이 비교해 보세요.

파이썬 연습장
pyrun.kr

퀴즈

1. 다음 코드의 실행 결과로 알맞은 것은 무엇일까요?

   ```
   x = [ 1, 2 ]
   y = [ 3, 4 ]
   print ( y + x )
   ```

   ① [3, 4, 1, 2]   ② [3, 4], [1, 2]
   ③ [1, 2, 3, 4]   ④ [1, 3, 2, 4]

2. 다음 코드의 실행 결과로 알맞은 것은 무엇일까요?

   ```
   num = [ 1, 2 ]
   print ( num * 3 )
   ```

   ① [1, 1, 1, 2, 2, 2]   ② [1, 2, 1, 2, 1, 2]
   ③ [1, 2], [1, 2], [1, 2]   ④ [3, 6]

3. 다음 코드의 실행 결과로 알맞은 것은 무엇일까요?

   ```
   num = [ 1, 2 ]
   print ( num + num )
   ```

   ① [1, 1, 2, 2]   ② [1, 2, 1, 2]   ③ [1, 2], [1, 2]   ④ [2, 4]

답 1.① 2.② 3.②

10. 리스트 연산

4. 다음 코드의 실행 결과로 알맞은 것은 무엇일까요?
```
name1 = [ 'Tom' ]
name2 = [ 'Jerry' ]
member = name1 + name2
print ( member )
```
① ['Tom', 'Jerry']   ② [Tom, Jerry]
③ [Tom Jerry]   ④ ['Tom' + 'Jerry']

5. 다음 코드의 실행 결과로 알맞은 것은 무엇일까요?
```
word1 = [ '반짝' ]
word2 = [ '작은별' ]
new_word = word1 * 2 + word2
print ( new_word )
```
① [반짝반짝작은별]   ② [반짝반짝 작은별]
③ ['반짝', '반짝', '작은별']   ④ 오류난다

답 4.① 5.③

10. 리스트 연산

미션

내 친구들에게 뭐가 필요할까?

다음과 같은 리스트가 있어요. 각 친구들은 뭐가 필요할까요?
친구들을 위해 리스트 연산을 해보세요.

a = ['밥', '김치찌개']
b = ['물']
c = ['시계', '학생증']
d = ['캔디']
e = ['축구공', '축구화']
f = ['소설책', '수필책']
g = ['노트', '볼펜']
h = ['쿠키', '아이스크림']

간식 먹고싶은 Sam

뛰어놀고 싶은 Jisung

배고픈 Suji

독후감을 써야하는 Minsu

정답은 p.343에 있어요.

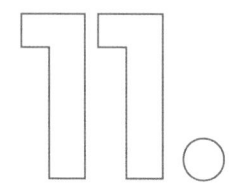

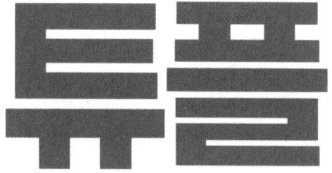

11. 튜플

변수에 여러 개의 데이터를 담는 4가지 방법 2

파이썬 변수에 여러 개의 데이터를 담는 방법
4가지를 공부하는 중입니다.

파이썬의 데이터 구조에는
리스트, 튜플, 세트, 딕셔너리가 있는데,

이번에는 그 두 번째 튜플입니다.

11. 튜플

( ,  ,  ,  , )

수정하면 안되는 자료
추가/삭제/수정되지 않도록

튜플이라는 단어는 이렇게 t u p l e 라고 써요.

파이썬은 대부분 일상 영어 단어를 코드로 사용하지만, "튜플tuple"은 일반적인 일상 영어 단어는 아니어서 낯설게 느껴질 수 있습니다.

튜플의 특징과 영어 철자도 눈여겨봐 두세요.

11. 튜플

리스트 vs. 튜플
[ ] ( )

이번에 배울 튜플을
이전에 배운 리스트와 비교해 봅니다.

일단, 사용하는 기호가 다릅니다.
리스트는 대괄호[ ], 튜플은 소괄호( )를 사용합니다.

11. 튜플

	리스트	튜플
추가, 수정, 삭제		
더하기, 곱하기		

가장 큰 차이점은
리스트는 요소들의 추가, 수정, 삭제가 되지만
튜플은 요소들의 추가, 수정, 삭제가 안됩니다.

리스트끼리 더하기 연산, 곱하기 연산은 가능하고
튜플도 더하기 연산, 곱하기 연산이 가능합니다.

11. 튜플

튜플 ()

- 여러 값을 저장하고 관리하고 싶을 때

즉, 튜플은 리스트처럼
여러 개의 값을 저장하고 관리하고 싶을 때 사용하는
파이썬의 데이터 구조입니다.

11. 튜플

튜플 (, , , ,)

- 여러 값을 저장하고 관리하고 싶을 때
- 요소 **변경 불가 (읽기 전용)**

그 안의 요소는
추가하거나, 삭제할 수 없습니다.

마치 읽기 전용 같아요.

11. 튜플

튜플 ()

- 여러 값을 저장하고 관리하고 싶을 때
- 요소 변경 불가 (읽기 전용)
- **요소 순서 중요 (순서 변경 불가)**

튜플은 항목의 순서도 중요한데
순서를 변경할 수 없습니다.

리스트도 항목들의 순서가 중요했지만
순서를 변경할 수 있었습니다.

11. 튜플

튜플 ()

- 여러 값을 저장하고 관리하고 싶을 때
- 요소 변경 불가 (읽기 전용)
- 요소 순서 중요 (순서 변경 불가)

즉, 튜플은
여러 값을 저장하고 관리하고 싶을 때 사용하는
파이썬의 데이터 구조이고
항목을 추가하거나 삭제할 수 없고
순서를 변경할 수도 없습니다.

11. 튜플

```
a = ( 70, 80, 90 )          a = 70, 80, 90
b = ( 70, 80 )              b = 70, 80
c = ( 70, )                 c = 70,
```

괄호가 없어도 우린 같아

튜플의 기호를 살펴볼게요.
튜플은 소괄호를 사용해 데이터들을 담는 게 원칙이지만,
소괄호 없이 데이터를 나열해도 튜플입니다.

리스트, 세트, 딕셔너리에는 각 기호를 꼭 써야하지만,
튜플은 소괄호를 쓰지 않아도 됩니다.

즉, 기호 없이 여러 항목이 나열되어 있다면
그 구조는 튜플입니다.

11. 튜플

양쪽의 데이터 타입이 서로 같아요

```
a = ( 70, 80, 90 )      ⟷      a = 70, 80, 90
b = ( 70, 80 )          ⟷      b = 70, 80
c = ( 70, )             ⟷      c = 70,
d = ( 70 )              ⟷      d = 70
```

괄호가 없어도 서로 같아

즉, 한꺼번에 비교해서 보면 위와 같아요.
양쪽은 각각 같은 타입입니다.

괄호가 없어도 양쪽의 데이터 타입은 각각 같습니다.
기억하세요.

11. 튜플

튜플일까 아닐까?

a = (70, 80, 90) ⟶ 튜플
b = (70, 80) ⟶ 튜플
c = (70,) ⟶ 튜플
d = (70) ⟶ 튜플 X, integer

그럼, 위의 변수 a, b, c, d는 모두 튜플일까요?

변수 c는 항목이 하나인데 쉼표가 있고
변수 d는 역시 항목이 하나이고 쉼표가 없어요.

c는 항목이 한 개인 튜플입니다.
항목 한 개인 튜플은 (70,)처럼 쉼표가 꼭 있어야 해요.

d는 튜플이 아니라 정수형 integer 입니다.

11. 튜플

튜플일까 아닐까?

a = 70, 80, 90 ⟶ 튜플
b = 70, 80 ⟶ 튜플
c = 70, ⟶ 튜플
d = 70 ⟶ 튜플 X, integer

이번에는 괄호 없이 항목들이 나열되어 있습니다.
a, b, c, d는 모두 튜플일까요?
변수 c는 항목이 하나인데 쉼표가 있고
변수 d는 항목이 하나이고 쉼표가 없어요.

항목 1개인 튜플은 70,처럼 쉼표가 꼭 있어야 하고
d는 튜플이 아니라 정수형 integer 입니다.

즉, 항목 1개인 튜플에는 쉼표가 꼭 있어야 합니다.

11. 튜플

튜플일까 아닐까

c = (70,)
print (type (c))

d = (70)
print (type (d))

```
1 c = ( 70, )
2 print ( type ( c ) )
3
4 d = 70
5 print ( type ( d ) )
```

<class 'tuple'>
<class 'int'>

데이터 타입을 확인해 봅니다.

1개짜리 항목에 쉼표가 있는 변수 c = (70,)는
튜플tuple이고

1개짜리 항목에 쉼표가 없는 변수 d = (70)는
정수형integer입니다.

11. 튜플

이번에는 튜플 예제를 실행해 봅니다.

유튜버가 매일 먹방 찍고 재밌는 날을 보내느라 잊고 있었는데, 오늘은 드디어 성적표가 나오는 날이에요. 얼굴이 핼쑥한 걸 보니 걱정이 되나봅니다.

11. 튜플

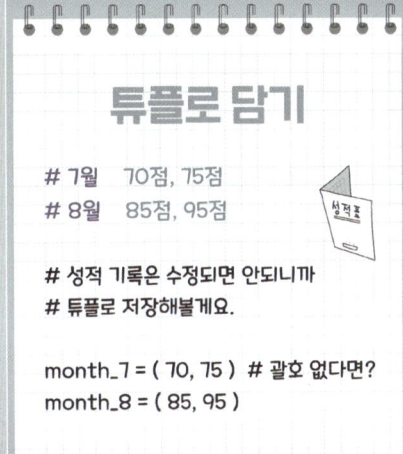

튜플을 만들어 봅니다.
튜플 생성에는 다른 방법도 있는데 (2권 18장 내장함수 편)
여기서는 바로 값을 담아 봅니다.

month_7로 변수를 선언해서 7월 성적을 담고,
month_8을 선언해서 8월의 성적을 담았습니다.

위 코드에서 괄호가 없다면? 그래도 튜플입니다.

11. 튜플

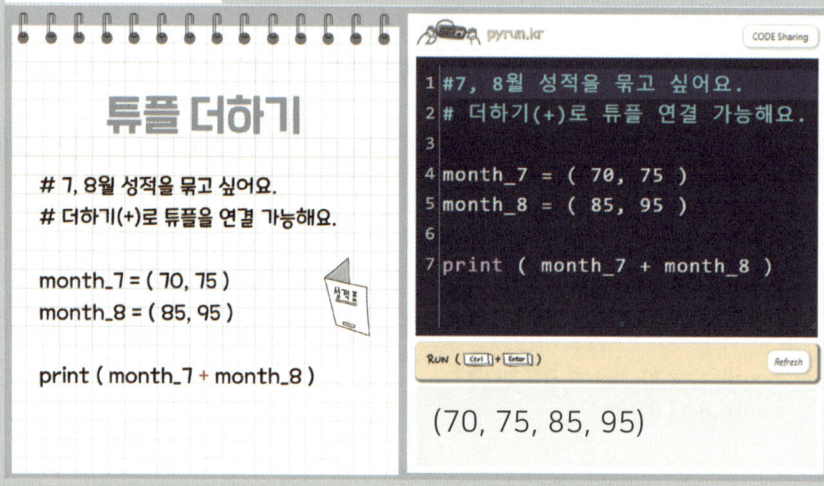

튜플은 값을 추가하거나 삭제하지 못한다고 했죠?
그렇지만 튜플끼리 더하거나 곱할 수는 있어요.

튜플 변수 month_7과 month_8를 더해 봅니다.

튜플끼리 더하기 연산을 하면
위와 같이 하나의 튜플 안에 값이 모두 담깁니다.

11. 튜플

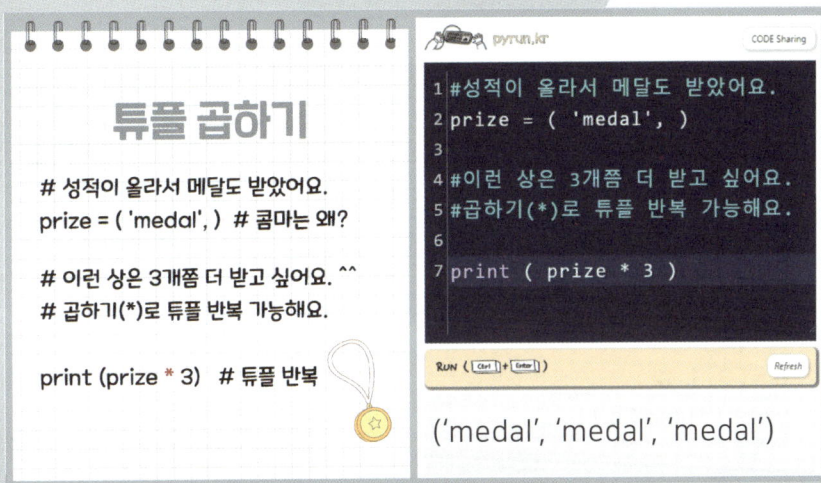

이번에는 튜플의 곱하기입니다.

성적이 올라 메달을 받았는데, 이걸 튜플에 넣습니다.
튜플 구조라서 요소가 하나여도
medal 뒤에 쉼표를 넣습니다.

이렇게 튜플을 세 번 곱해주면 어떻게 될까요?
하나의 튜플 안에서 값이 세 번 반복하게 됩니다.

11. 튜플

튜플 만들기

```
# 직접 튜플 기호에 넣어 만들기
a = ( 3, 7, 12 )
print ( a )

# tuple ( )로 만들기
b = [ 3, 7, 12 ] #리스트를 튜플로
print ( tuple ( b ) )
```

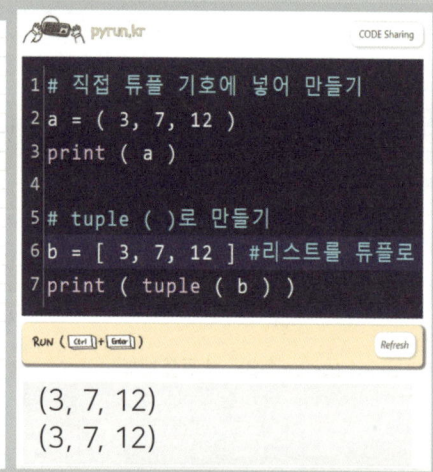

```
(3, 7, 12)
(3, 7, 12)
```

튜플은 두 가지 방법으로 만들 수 있어요.

직접 튜플 기호에 요소들을 넣어도 되고,
tuple ( )이라는 코드를 사용해서
문자열이나 리스트를 튜플로 만들 수 있습니다.

tuple ( )을 사용하는 방법은 〈2권 18장 내장함수 편〉에서 더 다룹니다.

핵심 요약

튜플 tuple

(, , , ,)

- 튜플은 ( )로 묶지만 ( )는 생략해도 된다.
- 여러 값을 저장하고 관리하고 싶을 때
- 데이터 (요소) 변경 불가
- 데이터 순서 중요 (순서 변경 불가)
- 1개 항목 튜플은 콤마 사용
- 튜플도 더하기, 곱하기 연산 가능

11. 튜플

코드 실습

pyrun.kr에서 다음을 입력하고 실행해 보세요.

입력

```
score_1 = ( 70, 80, 90 )
score_2 = ( 70, 80 )
score_3 = ( 70, )
score_4 = ( 70 )

print ( score_1 )
print ( score_2 )
print ( score_3 )
print ( score_4 )

print ( type ( score_1 ))
print ( type ( score_2 ))
print ( type ( score_3 ))
print ( type ( score_4 ))
```

```
1  score_1 = ( 70, 80, 90 )  #튜플
2  score_2 = ( 70, 80 )       #튜플
3  score_3 = ( 70, )          #튜플
4  score_4 = ( 70 )           #정수형
5
6  print ( score_1 )
7  print ( score_2 )
8  print ( score_3 )
9  print ( score_4 )
10
11 print ( type ( score_1 ) )
12 print ( type ( score_2 ) )
13 print ( type ( score_3 ) )
14 print ( type ( score_4 ) )
```

```
(70, 80, 90)
(70, 80)
(70,)
70
<class 'tuple'>
<class 'tuple'>
<class 'tuple'>
<class 'int'>
```

변수에 튜플을 할당하고 각각 출력해 봅니다. 데이터 형태도 출력해 봅니다.

파이썬 연습장
pyrun.kr

11. 튜플

입력

```python
# 튜플인가 아닌가
num_1 = 99
print(num_1)
print(type(num_1))

num_2 = 99,
print(num_2)
print(type(num_2))

num_3 = '99'
print(num_3)
print(type(num_3))

num_4 = '99',
print(num_4)
print(type(num_4))
```

요소가 1개인 튜플을 구별해보세요.
숫자형과 문자열형과 같이 출력해서
비교해 봅니다.

```
1  # 튜플인가 아닌가
2  num_1 = 99                #정수형
3  print(num_1)
4  print(type(num_1))
5
6  num_2 = 99,               #튜플
7  print(num_2)
8  print(type(num_2))
9
10 num_3 = '99'              #문자열형
11 print(num_3)
12 print(type(num_3))
13
14 num_4 = '99',             #튜플
15 print(num_4)
16 print(type(num_4))
```

```
99
<class 'int'>
(99,)
<class 'tuple'>
99
<class 'str'>
(99,)
<class 'tuple'>
```

파이썬 연습장
pyrun.kr

11. 튜플

입력

```
# 튜플 더하기
city1= ( 'Oslo', 'Berlin')
city2= ( 'Dubai', 'Rome')
city3= 'Seoul',

city = city1+city2+city3
print ( city )
```

```
1 # 튜플 더하기
2 city1 = ( 'Oslo', 'Berlin')
3 city2 = ( 'Dubai', 'Rome')
4 city3 = 'Seoul',
5
6 city = city1 + city2 + city3
7 print ( city )
```

('Oslo', 'Berlin', 'Dubai', 'Rome', 'Seoul')

튜플에 더하기 연산을 하면 하나의 튜플에 요소들이 합쳐집니다.

입력

```
# 튜플 곱하기
city1= ( 'Oslo', 'Berlin')
city = city1 * 3

print ( city )
```

```
1 # 튜플 곱하기
2 city1= ( 'Oslo', 'Berlin')
3 city = city1 * 3
4
5 print ( city )
```

('Oslo', 'Berlin', 'Oslo', 'Berlin', 'Oslo', 'Berlin')

튜플에 숫자를 곱하면 숫자만큼 튜플의 요소들이 반복되어 하나의 튜플안에 출력됩니다.

파이썬 연습장
pyrun.kr

퀴즈

1. 다음 중 튜플의 특징을 알맞게 설명한 것은 무엇일까요?
   ① 튜플에 담긴 자료는 쉽게 바꿀 수 있다.
   ② 튜플끼리 더하거나 곱할 수 있다.
   ③ 변경할 수는 없지만 순서를 바꿀 수는 있다.
   ④ 소괄호( )로 꼭 표시해야 한다.

2. 다음 중 요소가 한 개인 튜플을 나타낸 것은 무엇일까요?
   ① a = 'medal'   ② a ('medal')
   ③ a = ('medal')   ④ a = 'medal',

3. 다음 코드의 결과는 무엇일까요?
   ```
   x1 = ( 1, 2, 3 )
   x2 = ( 4, 5, 6 )
   x = x1 + x2
   print ( x )
   ```
   ① (1, 2, 3, 4, 5, 6)   ② (5, 7, 9)
   ③ (1, 4, 2, 5, 3, 6)   ④ (?1)

답 1.② 2.④ 3.①

11. 튜플

4. 다음 코드의 출력 결과는 무엇일까요?

```
test1 = ( 3, 7 )
test2 = ( 5, 9 )
sum = test1 + test2
print ( sum )
```

① (3, 7, 5, 9)   ② (3, 7), (5, 9)
③ (8, 16)   ④ 튜플끼리 더할 수 없다.

5. 다음 코드의 출력 결과는 무엇일까요?

```
test = ( 3, 7 )
mul = test * 3
print ( mul )
```

① (3, 3, 3, 7, 7, 7)   ② (3, 7, 3, 7, 3, 7)
③ (9, 21)   ④ (3, 7)(3, 7)(3, 7)

답 4.① 5.②

미션

증거를 보존하라 # 만수르

만수르 회장 집 금고털이 사건에 대한 수사가 시작되었어요.
경찰은 CCTV를 확보하고 증거를 모으고 있어요.
CCTV에 찍힌 범인은 검은 머리에 운동화를 신고,
비번이 적힌 메모를 남기고, 택시를 타고 도망갔어요.

경찰이 찾은 증거들은 잃어버리거나 훼손되면 절대 안돼요.
다음에서 증거가 아닌 건 버리고
결정적인 증거들은 튜플로 보관하세요.

증거들을 evid라는 변수이름으로 선언하고 튜플로 담아보세요.

정답은 p.344에 있어요.

ents
12. 세트

12. 세트

변수에 여러 개의 데이터를 담는 4가지 방법 3

파이썬 변수에
여러 개의 데이터를 담는 4가지 방법 중
세 번째, 세트입니다.

12. 세트

세트 set

순서 없이 막 담아요
중복을 제거해줘요

세트라는 데이터 구조는 마치 커다란 자루 같습니다. 큰 자루에 물건들을 마구 담는다고 상상해보세요. 순서 없이 뒤죽박죽 되겠죠? 세트는 자루 안에 담긴 물건들처럼 순서가 중요하지 않습니다.

중복을 제거해준다는 의미는, 세트를 출력했을 때 같은 것이 여러 개 있어도 한 번만 출력해준다는 뜻입니다. 위의 그림에서 사과를 2개 담았지만, 출력하면 사과는 한 번만 출력됩니다. 이것이 **중복 제거**입니다.

12. 세트

리스트 튜플 vs 세트
[ ] ( )   { }

각 기호들을 다시 한번 확인해보세요.

리스트, 튜플 vs 세트

순서 중요   순서 중요 X

중복 데이터 모두 출력   중복된거 하나만 출력

리스트, 튜플과 구별되는 세트의 특징입니다.

12. 세트

온라인 쇼핑몰을
오픈했어요 ~

티셔츠와 바지를 파는 쇼핑몰이 오픈했군요.

앞에서 배운 세트의 특징들을 기억하면서
세트라는 데이터 구조를 실습해 봅니다.

12. 세트

오늘 주문 들어온 옷들

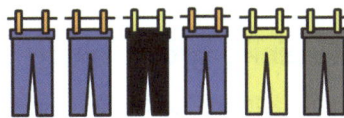

오늘 주문받은 옷들입니다.

셔츠의 색상은
회색, 분홍색, 빨강색, 분홍색, 회색, 검정색이고

바지의 색상은
파랑색, 파랑색, 검정색, 파랑색, 노랑색, 회색입니다.

12. 세트

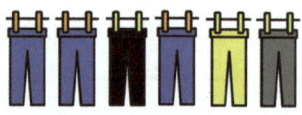

일단 막 담아요

shirts = { 'gray', 'pink', 'red', 'pink', 'gray', 'black' }
pants = { 'blue', 'blue', 'black', 'blue', 'yellow', 'gray' }

shirts라는 변수를 선언하고 색상을 넣습니다.
pants라는 변수를 선언하고 역시 색상을 넣습니다.

세트{ } 표시에 주의하고
색상 이름이 문자열이니 따옴표도 잊지 마세요.

12. 세트

 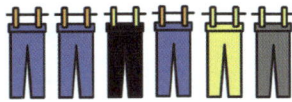

shirts = { 'gray', 'pink', 'red', 'pink', 'gray', 'black' }
pants = { 'blue', 'blue', 'black', 'blue', 'yellow', 'gray' }

print (shirts)
print (pants)

이 세트 변수를 출력하면 다음과 같습니다.

{'black', 'red', 'pink', 'gray'}
{'black', 'yellow', 'blue', 'gray'}

같은 색상이 여러 개여도 한 번만 출력되고 중복제거
출력 순서도 abc 순으로 정렬되지 않습니다. 순서없음
실행할 때마다 출력순서가 바뀌기도 합니다.

12. 세트

세트 (set) 만들기

\# 1. 세트 함수로 만드는 방법
a = set ( )
print (a)

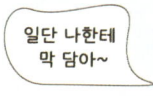

\# 2. 원소들을 할당해서 만드는 방법
b = { 1, 3, 4, 4, 6, 6 }
print (b)

세트는 어떻게 만들까요?

세트는 set( ) 함수로 만들어도 되고
원소들을 바로 할당해서 만들 수도 있어요.

리스트와 튜플에서는 값들을 요소element라고 했는데
세트에서는 원소member라고 합니다.

12. 세트

비교해 보세요

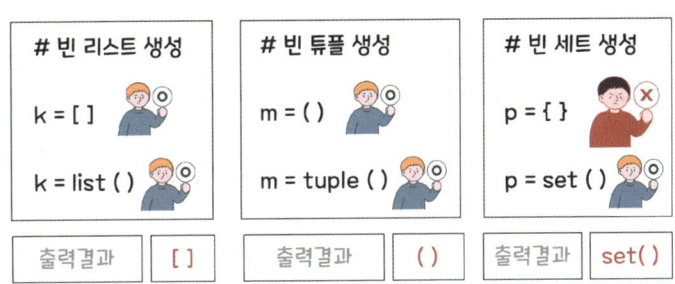

앞에서 빈 리스트를 만들 때 K = [ ]로 만들었고,
빈 튜플은 m = ( )로 만들었습니다.
list( ), tuple( )로도
각각 빈 리스트, 빈 튜플을 만들 수 있습니다.

그런데, 빈 세트는 p = set( )로 만듭니다.

〈2권 18장 내장함수 편〉에서 더 자세히 다룹니다.

12. 세트

f = { }   빈 세트 만들때
         이렇게 못 쓰나요?

그러면, 왜 세트는 이렇게 중괄호를 사용해서 바로 만들 수 없을까요?

힌트가 있습니다. 앞에서 중괄호{ }를 사용하는 데이터 구조가 하나 더 있었습니다.

12. 세트

```
f = { }
print (f)
print (type (f) )
```

이렇게 만들면
세트가 아니고
빈 딕셔너리 ~

바로 딕셔너리였어요.
위와 같이 입력하면, 빈 세트가 아닌 빈 딕셔너리가
만들어집니다. 딕셔너리는 13장에서 다시 다룹니다.

빈 세트를 만들때는
a = { }가 아닌, a = set( )라는 코드로 만듭니다.
이제 코드로 실습해 봅니다.

12. 세트

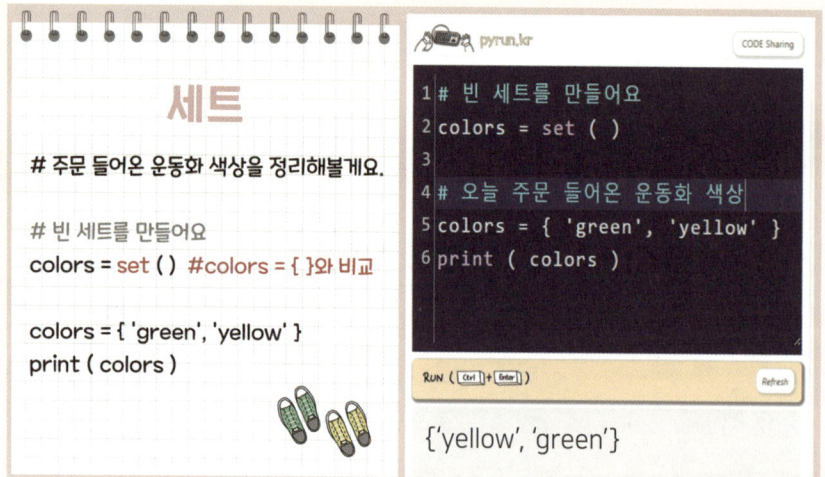

이번엔 운동화 색상으로 세트를 실습합니다.

다음과 같이 빈 세트를 만들어서 원소를 추가하거나
colors = set( )

아니면 변수에 세트를 바로 할당할 수 있습니다.
colors = { 'green', 'yellow' }

#colors = { } 하면 세트가 아닌 딕셔너리가 됩니다.

12. 세트

```
# 주문이 더 들어왔네요. (1개 추가)
colors.add ( 'pink' )
print ( colors )

# 주문이 많이... (여러 개 추가)
colors.update ( { 'white', 'red' } )
print ( colors )
```

```
1  # 주문이 하나 더 (1개 추가)
2  colors.add ( 'pink' )
3  print ( colors )
4
5  # 주문이 많이 (여러 개 추가)
6  colors.update({'white', 'red'})
7  print ( colors )
```

{'pink', 'yellow', 'green'}
{'yellow', 'white', 'red', 'pink', 'green'}

코드를 계속 이어서 입력해 봅니다.
이번에는 세트에 원소를 추가합니다.
리스트에서 원소 1개 추가는 .append( )였는데,
세트는 .add()를 사용합니다.
세트에서 .append( )를 사용하면 오류가 생깁니다.

이번에는 여러 개를 추가합니다.
리스트의 여러 개 추가는 .extend([ ])였는데
세트는 .update({ }) 또는 .update([ ])를 사용합니다.

12. 세트

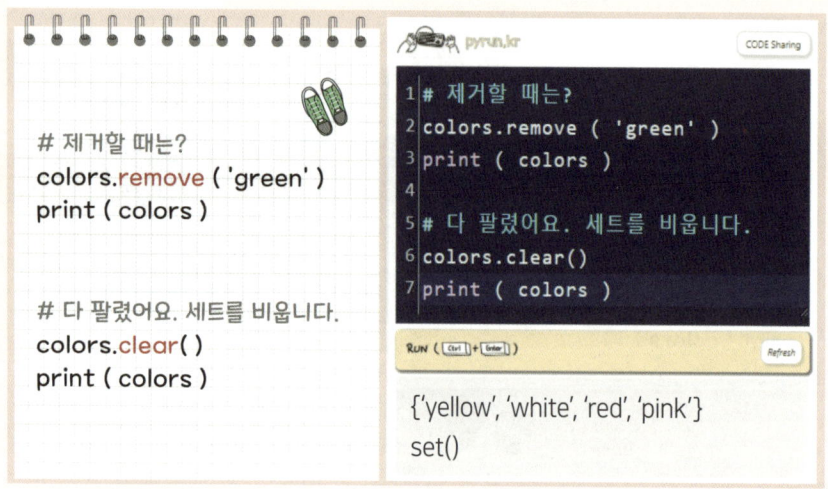

```
# 제거할 때는?
colors.remove ( 'green' )
print ( colors )

# 다 팔렸어요. 세트를 비웁니다.
colors.clear( )
print ( colors )
```

{'yellow', 'white', 'red', 'pink'}
set()

이번에는 원소 하나를 제거해 봅니다.
리스트는 하나 제거시 .remove( )를 사용했어요.
세트도 하나 제거할 때 .remove( )를 사용합니다.

이제 전부 비웁니다.
리스트는 전부 비울 때 clear( )를 사용했는데,
세트도 전부 비울 때 .clear( )를 사용합니다.

전부 비우고 실행하니 set( )가 출력됩니다.

12. 세트

```python
colors = set ( )                        # 빈 세트 생성
print ( colors )

colors = { 'green', 'yellow' }          # 원소 바로 할당
print ( colors )

colors.add ( 'pink' )                   # 1개 추가
print ( colors )

colors.update ({ 'white', 'red' })      # 여러 개 추가
print ( colors )

colors.remove ( 'green' )               # 제거
print ( colors )

colors.clear( )                         # 세트 비우기
print ( colors )
```

RUN (Ctrl + Enter)

set()
{'yellow', 'green'}
{'pink', 'yellow', 'green'}
{'yellow', 'white', 'red', 'pink', 'green'}
{'yellow', 'white', 'red', 'pink'}
set()

전체 코드입니다.

12. 세트

핵심 요약

세트 set

{ , , ,  }

- { }로 묶어요.
- 순서 없이 막 담아요. (순서는 중요하지 않아요.)
- 중복을 제거해줘요. (같은 건 하나만 출력)
- 빈 세트 만들기
  a = set ( )
- 세트 다루기

  set.add ( )   # 1개 추가
  set.update ({ , }) # 여러 개 추가
  set.remove ( )   # 1개 제거
  set.clear ( )   # 모두 비우기

12. 세트

코드 실습

pyrun.kr에서 다음을 입력하고 실행해 보세요.

입력

```
# 세트 생성
score = set()
print(score)

# 1개 추가
score.add(5)
print(score)

# 여러 개 추가
score.update({8, 3, 4})
print(score)

# 1개 제거
score.remove(4)
print(score)

# 세트 비우기
score.clear()
print(score)
```

```
1  # 세트 생성
2  score = set()
3  print(score)
4
5  # 1개 추가
6  score.add(5)
7  print(score)
8
9  # 여러 개 추가
10 score.update({8, 3, 4})
11 print(score)
12
13 # 1개 제거
14 score.remove(4)
15 print(score)
16
17 # 세트 비우기
18 score.clear()
19 print(score)
```

RUN (Ctrl + Enter)   Refresh

```
set()
{5}
{8, 3, 4, 5}
{8, 3, 5}
set()
```

파이썬 연습장인
pyrun.kr에서
실습해 보세요.

297

12. 세트

퀴즈

1. 세트에 대한 설명으로 옳지 않은 것을 고르세요.
   ① 중복된 데이터는 1개만 출력해준다.
   ② 순서가 중요하지 않다.
   ③ 원소 추가, 삭제, 수정이 불가능하다.
   ④ set( ) 함수로 빈 세트를 생성한다.

2. 다음 코드의 실행 결과로 알맞은 것은 무엇일까요?
   ```
   a = set ( 'apple' )
   print ( a )
   ```
   ① apple
   ② { 'a', 'e', 'p', 'l' }
   ③ { 'a', 'e', 'p', 'l', 'p' }
   ④ { 'a', 'p', 'p', 'l', 'e' }

3. 세트를 만들려면 알맞은 코드는 무엇일까요?
   ```
   toys = _____ ( )
   ```
   ① set
   ② make
   ③ make set
   ④ add set

답 1.③ 2.② 3.①

12. 세트

4. 다음은 리스트를 세트로 만드는 코드입니다. 빈칸에 알맞은 것은 무엇일까요?

   ```
   a = [ 1, 2, 3 ]
   b = _____ ( a )
   print ( b )
   ```

   ① set   ② tuple   ③ list   ④ dict

5. 세트에 원소 1개를 추가하려면 어떤 코드가 맞을까요?

   ```
   toys = { 'doll', 'robot' }
   toys_____( 'block' )
   ```

   ① .add   ② .set   ③ .remove   ④ .clear

6. 세트에 여러 원소를 추가하려면 어떤 코드가 맞을까요?

   ```
   toys = { 'doll', 'robot', 'block' }
   toys_____( { 'car', 'lego', 'ball' } )
   ```

   ① .set   ② .add   ③ .update   ④ .clear

답   4.①   5.①   6.③

12. 세트

7. 세트에서 원소 한 개를 제거하려면 어떤 코드를 사용해야 할까요?

```
toys = { 'doll', 'robot', 'block' }
toys_____( 'block' )
```

① .add ② .set ③ .remove ④ .clear

8. 세트를 모두 비우려면 어떤 코드를 사용해야 할까요?

```
toys = { 'doll', 'robot' }
toys_____( )
```

① .add ② .set ③ .remove ④ .clear

9. 다음 코드의 결과로 옳은 것은 무엇일까요?

```
my_set = { 1, 2, 3 }
my_set.add( 2 )
print( my_set )
```

① { 1, 2, 3, 2 } ② { 1, 2, 2, 3 }
③ { 1, 2, 3 } ④ 오류 발생

답 7.③ 8.④ 9.③

12. 세트

미션

 # 햄버거 세트 먹어야지.

저기요~ 주문할게요.
빵은 호밀빵으로 주시구요 (빈 세트에 호밀빵 추가)

치즈, 상추, 토마토, 그 위에 다시 치즈, 상추, 케찹 추가해 주세요.
(여러 개 추가)
콜라도 추가해주시구요. (1개 추가)
후렌치 후라이도 추가해 주세요.(1개 추가)
여기까지 주문하고 한번 출력해 볼게요.

아.. 햄버거에서 토마토는 빼주세요.
다시 출력해볼게요.

그리고, 다 먹었어요.
세트를 비울게요. 출력해서 확인~

정답은 p.344~345에 있어요.

13. 딕셔너리

13. 딕셔너리

변수에 데이터를 담는 4가지 방법 4

여러 개의

앞에서 파이썬 변수에
여러 개의 데이터를 담는 네 가지 방법 중
리스트, 튜플, 세트를 공부했습니다.
이번 장에서는 딕셔너리입니다.

딕셔너리 dictionary 는 단어 의미 그대로
사전처럼 설명이 붙어있는
데이터를 말합니다.

13. 딕셔너리

딕셔너리

{ "apple" : "백화점", "pineapple" : "편의점",
"watermelon" : "시장", "banana" : "수퍼마켓" }

- 사전처럼 설명이 붙어있어요
- key : value 형태

딕셔너리는 세트처럼 중괄호를 쓰는데,
세트와 다른 점은 설명이 붙어있다는 것입니다.

위의 그림에서 보면, 과일 이름이 좌측에 있고
우측에는 구입처가 있어요.
좌측은 key라 하고 오른쪽의 값은 value라고 해요.
이렇게 key : value 한 쌍이
딕셔너리에서 하나의 항목이 됩니다.

13. 딕셔너리

딕셔너리의 구조

우리 동네에 헬스장이 오픈했어요.
회원들에게
사물함을 배정하고 있어요.

딕셔너리의 구조를 예를 들어볼게요.

회원들에게 배부한 사물함 번호

1번 : Sam
2번 : Jisu
3번 : Tom

회원들의 사물함 번호와 이름입니다.

13. 딕셔너리

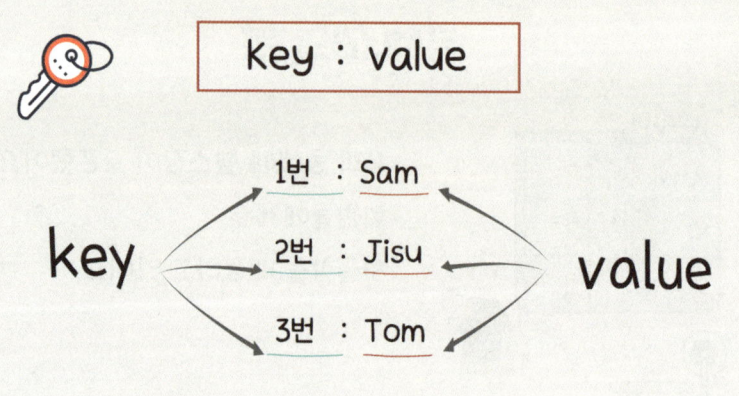

사물함 번호와 회원 이름이 key, value 한 쌍입니다.

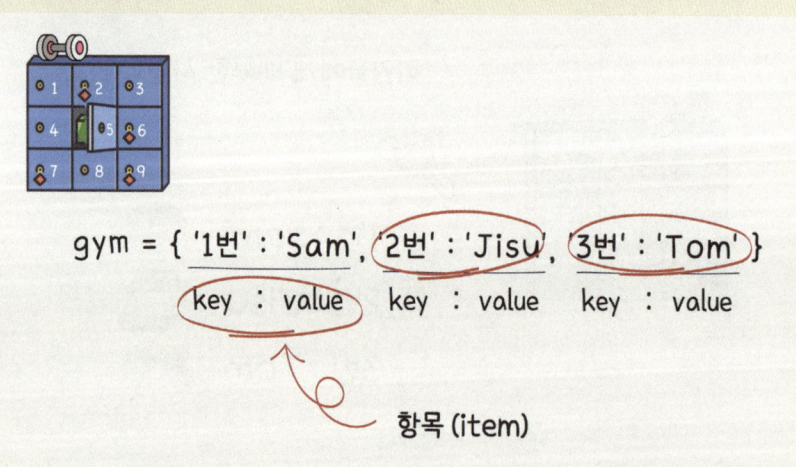

key, value 한 쌍인 값은 항목(item)이라고 부릅니다.

13. 딕셔너리

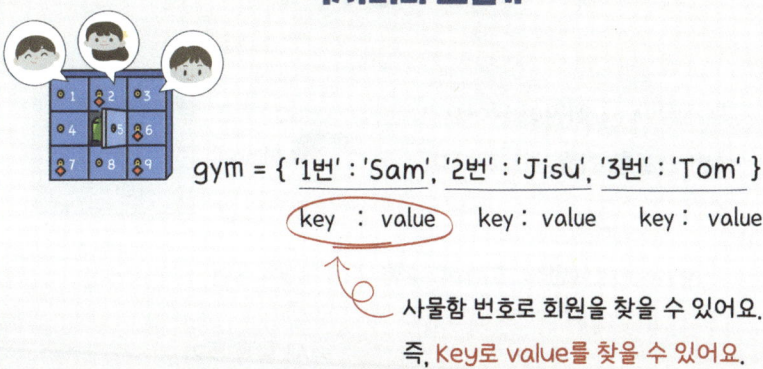

딕셔너리는 순서가 중요한 데이터 구조는 아니에요.
리스트와 튜플은 요소의 순서가 중요했는데,
딕셔너리는 key값으로 value 값을 찾을 수 있어서
순서가 중요하지 않아요.

13. 딕셔너리

딕셔너리 항목 추가

헬스장에 새 회원이 왔어요.
4번 사물함 키를 배정했어요.

```
gym = { '1번' : 'Sam', '2번' : 'Jisu', '3번' : 'Tom' }
gym [ '4번' ] = 'Mina'
```
새 항목 추가

이번에는 Mina라는 새 회원을 추가해 봅니다.

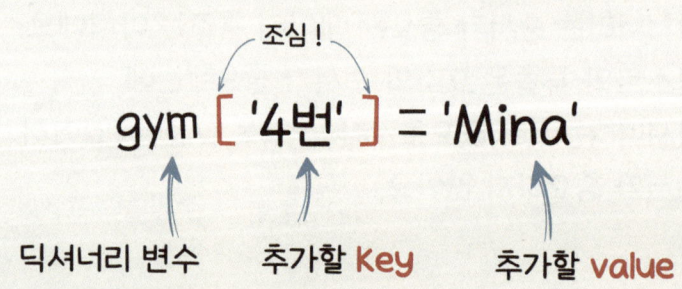

추가할 key와 value는 위와 같이 표현합니다.

13. 딕셔너리

입력

gym = { '1번' : 'Sam', '2번' : 'Jisu', '3번' : 'Tom' }

gym ['4번'] = 'Mina'

print (gym)

출력

{ '1번' : 'Sam', '2번' : 'Jisu' , '3번' : 'Tom', '4번' : 'Mina' }

코드를 출력하면 위와 같습니다.

변수 뒤에 대괄호를 하고
추가할 Key 이름을 입력한 다음
'Mina'를 할당하고 출력해보면,

'4번' : 'Mina' 항목이
딕셔너리에 추가된 것을 볼 수 있어요.

13. 딕셔너리

딕셔너리 항목 변경 ①

2번 회원이 그만두고 새 회원이 왔어요.
2번 사물함의 주인이 바뀌었어요.

gym = { '1번' : 'Sam', '2번' : 'Jisu', '3번' : 'Tom', '4번' : 'Mina' }
gym ['2번'] = 'Suji'   항목 변경

이번에는 항목을 변경해 봅니다.

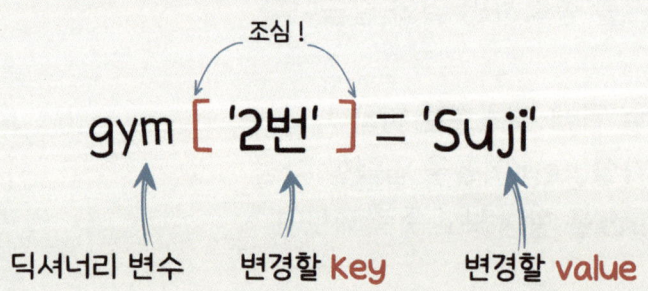

항목을 추가할 때와 코드가 같습니다.

13. 딕셔너리

입력

```
gym = { '1번' : 'Sam', '2번' : 'Jisu', '3번' : 'Tom', '4번' : 'Mina' }
gym [ '2번' ] = 'Suji'
print ( gym )
```

출력

{ '1번' : 'Sam', '2번' : 'Suji', '3번' : 'Tom', '4번' : 'Mina' }

코드를 출력하면 위와 같습니다.

변수 뒤에 대괄호를 하고
변경할 key 이름을 입력하고
'Suji'를 할당하고 출력해보면,

'2번' : 'Jisu'가 '2번' : 'Suji' 항목으로
변경된 것을 볼 수 있어요.

13. 딕셔너리

딕셔너리 항목 변경 ②

딕셔너리의 항목을 변경하는
2번째 방법이에요.

gym = { '1번' : 'Sam', '2번' : 'Jisu', '3번' : 'Tom', '4번' : 'Mina' }
gym.update ('2번' = 'Suji')
　　　　　　　　　　　　　　　↳ 항목 변경

항목을 변경하는 2번째 방법입니다.

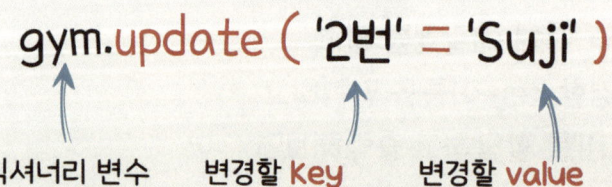

이번에는 .update( )를 사용합니다.

13. 딕셔너리

입력

gym = { '1번' : 'Sam', '2번' : 'Jisu', '3번' : 'Tom', '4번' : 'Mina' }
gym.update ('2번' = 'Suji')
print (gym)

출력

{ '1번' : 'Sam', '2번' : 'Suji', '3번' : 'Tom', '4번' : 'Mina' }

Suji

코드를 출력하면 위와 같습니다.

변수 뒤에 .update( )를 입력하고
변경할 key와 value를 넣습니다.

'2번' : Jisu'가 '2번' : 'Suji' 항목으로
변경된 것을 볼 수 있어요.

13. 딕셔너리

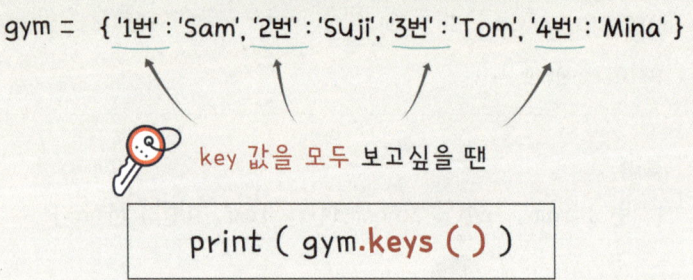

다음은 딕셔너리 항목에서
key 값만 모두 보고 싶을 때 사용하는 코드입니다.

변수 뒤에 .keys( )로 출력하면
key 값들이 다음처럼 리스트 형태로 출력됩니다.

dict_keys(['1번', '2번', '3번', '4번'])

13. 딕셔너리

딕셔너리 value 값 모두 보기

gym = { '1번' : 'Sam', '2번' : 'Suji', '3번' : 'Tom', '4번' : 'Mina' }

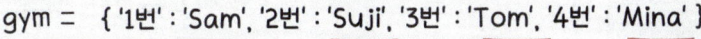

value 값을 모두 보고싶을 땐

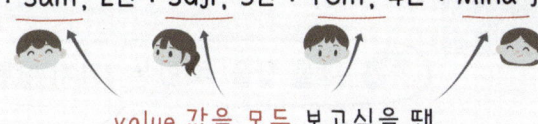

print (gym.values ( ))

다음은 딕셔너리 항목에서
value 값만 모두 보고 싶을 때 사용하는 코드입니다.

변수 뒤에 .values( )로 출력하면
value 값들이 다음처럼 리스트 형태로 출력됩니다.

dict_values(['Sam', 'Suji', 'Tom', 'Mina'])

13. 딕셔너리

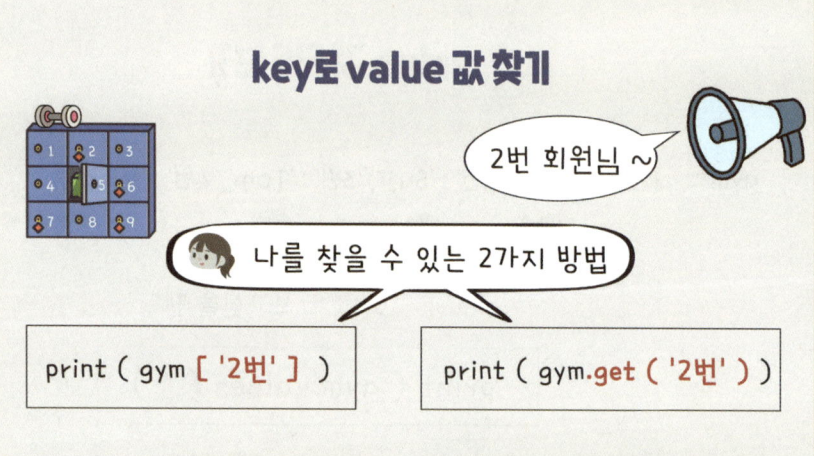

이번엔 key 값을 이용해서 value 값을 찾는
방법입니다.

변수 gym 뒤에 인덱싱처럼 [ ]를 사용해서 찾거나
변수 gym 뒤에 .get ( )을 사용해서
해당되는 value 값을 찾을 수 있어요.

13. 딕셔너리

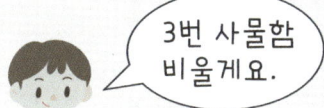

항목 삭제하기 / 모두 비우기

3번 사물함 비울게요.

사물함 모두 비우고 청소합니다.

del gym ['3번']   gym.clear ( )

이번에는 항목 삭제와 모두 비우기입니다.

항목을 하나 삭제하려면 del 코드를 사용합니다.

항목을 모두 비우려면 .clear ( )를 사용합니다.
.clear ( ) 코드는 리스트, 튜플, 세트에서도 사용했어요.

13. 딕셔너리

리스트, 튜플 vs 세트, 딕셔너리
[] ()   {}{:}

순서 중요   순서 중요 X

중복 데이터 모두 표시   중복 제거

여태까지 나왔던 데이터 구조의 비교입니다.

딕셔너리

{ Key1 : Value1, Key2 : Value2, Key3 : Value3 }

- 순서 중요 X
- 중복 제거
- Key값으로 Value값 찾기

딕셔너리의 특징을 다시 한번 확인해보세요.

13. 딕셔너리

빈 딕셔너리 만들기

```
a = { }
a = dict ( )
```

방법은 2가지

빈 딕셔너리는 위의 2가지 방법으로 만들 수 있어요.

{ } 기호를 같이 쓰는 세트는
빈 세트를 만들때 a = set ( )로 만들었던 것에
주의하세요.

13. 딕셔너리

소개합니다~
우리집 멍멍이

종류 : 푸들
이름 : 초코
나이 : 10

딕셔너리를 실습해 봅니다.

이번 딕셔너리는 우리집 멍멍이의 정보들을
담아봤어요.

13. 딕셔너리

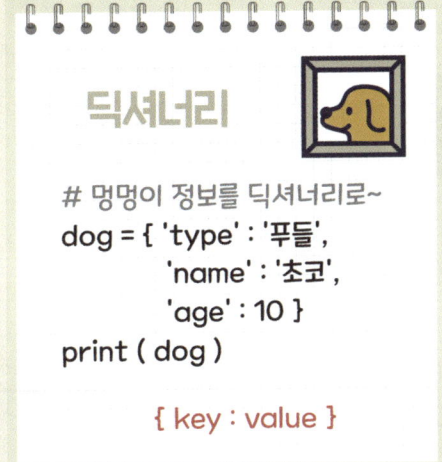

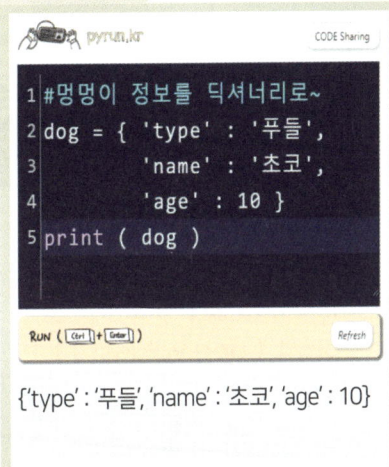

딕셔너리 변수 이름을 dog으로 선언하고
딕셔너리 항목을 넣어줍니다.

딕셔너리를 구성하는 Key : value 쌍은
항목item이라고 합니다.

13. 딕셔너리

```
# key 값 모두 보기
print ( dog.keys( ) )

# value 값 모두 보기
print ( dog.values( ) )
```

```
1 #key 값 모두 보기
2 print ( dog.keys ( ) )
3
4 #value 값 모두 보기
5 print ( dog.values ( ) )
```

dict_keys(['type', 'name', 'age'])
dict_values(['푸들', '초코', 10])

dog 딕셔너리 항목의 key 값과 value 값을
모두 보려면,

dog.keys ( )
dog.values ( ) 코드를 사용합니다.

13. 딕셔너리

```
# 궁금한 값만 콕 집어서~ 1
print ( dog [ 'name' ] )

# 궁금한 값만 콕 집어서~ 2
print ( dog.get ( 'age' ) )

# 한살 더 먹었어요.
dog [ 'age' ] = 11
print ( dog )

# 한살 더 먹었어요.
dog.update (age = 11 )
print ( dog )
```

```
1  # 궁금한 값만 콕 집어서~ 1
2  print ( dog [ 'name' ] )
3
4  # 궁금한 값만 콕 집어서~ 2
5  print ( dog.get ( 'age' ) )
6
7  # 한살 더 먹었어요.
8  dog [ 'age' ] = 11
9  print ( dog )
10
11 # 한살 더 먹었어요.
12 dog.update (age = 11 )
13 print ( dog )
```

초코
10
{'type' : '푸들', 'name' : '초코', 'age' : 11}
{'type' : '푸들', 'name' : '초코', 'age' : 11}

이번에는 key로 value 값을 찾는 방법입니다.
dog ['name'] 혹은 dog.get ('age') 코드를
사용합니다.

어떤 key의 value 값을 수정할 때는
dog ['age'] 혹은 dog.update (age = 11)를
사용합니다.

13. 딕셔너리

```
# 색깔 정보를 추가할게요.
dog [ 'color' ] = '갈색'
print ( dog )

# 나이정보는 삭제할래요.
del dog [ 'age' ]
print ( dog )

# 모두 비울래요.
dog.clear ( )
print ( dog )
```

```
 1 # 색깔 정보를 추가할게요.
 2 dog [ 'color' ] = '갈색'
 3 print ( dog )
 4
 5 # 나이정보는 삭제할래요.
 6 del dog [ 'age' ]
 7 print ( dog )
 8
 9 # 모두 비울래요.
10 dog.clear ( )
11 print ( dog )
```

RUN (Ctrl + Enter)   Refresh

{'type' : '푸들', 'name' : '초코', 'age' : 11, 'color' : '갈색'}
{'type' : '푸들', 'name' : '초코', 'color' : '갈색'}
{}

이번엔 Key : value 쌍을 추가하는 방법입니다.
변경할 때의 코드와 같아요. dog ['color'] = '갈색'

삭제할 때는 dog ['age'] 앞에 del을 사용합니다.
del dog ['age']

모두 삭제는 리스트, 튜플, 세트와 같습니다.
dog.clear ( )입니다.

13. 딕셔너리

```
1  #멍멍이 정보를 딕셔너리로~
2  dog = { 'type' : '푸들', 'name' : '초코','age' : 10 }
3  print ( dog )
4
5  print ( dog.keys ( ) )        # key 값 모두 보기
6  print ( dog.values ( ) )      # value 값 모두 보기
7
8  print ( dog [ 'name' ] )      # 궁금한 값만 콕 집어서~ 1
9  print ( dog.get ( 'age' ) )   # 궁금한 값만 콕 집어서~ 2
10
11 dog [ 'age' ] = 11            # 한살 더 먹었어요.
12 print ( dog )
13
14 dog.update (age = 11 )        # 한살 더 먹었어요.
15 print ( dog )
16
17 dog [ 'color' ] = '갈색'       # 색깔 정보를 추가할게요.
18 print ( dog )
19
20 del dog [ 'age' ]             # 나이정보는 삭제할래요.
21 print ( dog )
22
23 dog.clear ( )                 # 모두 비울래요.
24 print ( dog )
```

RUN (Ctrl + Enter)   Refresh

```
{'type' : '푸들', 'name' : '초코', 'age' : 10}
dict_keys(['type', 'name', 'age'])
dict_values(['푸들', '초코', 10])
초코
10
{'type' : '푸들', 'name' : '초코', 'age' : 11}
{'type' : '푸들', 'name' : '초코', 'age' : 11}
{'type' : '푸들', 'name' : '초코', 'age' : 11, 'color' : '갈색'}
{'type' : '푸들', 'name' : '초코', 'color' : '갈색'}
{}
```

13. 딕셔너리

핵심 요약

딕셔너리 dictionary

{ "apple" : "백화점",   "pineapple" : "편의점",
  "watermelon" : "시장",   "banana" : "수퍼마켓" }

- { : }

- 사전처럼 설명이 붙어있어요.

- key : value 형태

- 항목들 간에 순서가 중요하지 않아요.

- 중복은 제거해줘요.

- 빈 딕셔너리 생성
  a = { }

13. 딕셔너리

코드 실습

pyrun.kr에서 다음을 입력하고 실행해 보세요.

입력

```
# 딕셔너리 생성
cat = dict ( )

# 항목 추가
cat [ 'name' ] = 'Coco'
cat [ 'age' ] = 5
print ( cat )

# 항목 변경
cat [ 'age' ] = 6
print ( cat )

# key, value값 모두 보기
print ( cat.keys( ) )
print ( cat.values( ) )

# 1개 제거
del cat [ 'name' ]
print ( cat )

# 딕셔너리 비우기
cat.clear ( )
print ( cat )
```

```
# 딕셔너리 생성
cat = dict ( )

# 항목 추가
cat [ 'name' ] = 'Coco'
cat [ 'age' ] = 5
print ( cat )

# 항목 변경
cat [ 'age' ] = 6
print ( cat )

# key,value값 모두 보기
print ( cat.keys( ) )
print ( cat.values( ) )

# 1개 제거
del cat [ 'name' ]
print ( cat )

# 딕셔너리 비우기
cat.clear ( )
print ( cat )
```

```
{'name' : 'Coco', 'age' : 5}
{'name' : 'Coco', 'age' : 6}
dict_keys(['name', 'age'])
dict_values(['Coco', 6])
{'age' : 6}
{}
```

13. 딕셔너리

입력

```python
# 딕셔너리 생성
book = dict ( )

# 항목 추가
book [ 'name' ] = 'EzPython'
book [ 'year' ] = 2024
book [ 'writer' ] = 'Ez'
print ( book )

# 항목 변경
book [ 'year' ] = 2025
print ( book )

# key, value값 모두 보기
print ( book.keys( ) )
print ( book.values( ) )

# 1개 제거
del book [ 'name' ]
print ( book )

# 딕셔너리 비우기
book.clear ( )
print ( book )
```

```
1  # 딕셔너리 생성
2  book = dict ( )
3
4  # 항목 추가
5  book [ 'name' ] = 'EzPython'
6  book [ 'year' ] = 2024
7  book [ 'writer' ] = 'Ez'
8  print ( book )
9
10 # 항목 변경
11 book [ 'year' ] = 2025
12 print ( book )
13
14 # key, value값 모두 보기
15 print ( book.keys( ) )
16 print ( book.values( ) )
17
18 # 1개 제거
19 del book [ 'name' ]
20 print ( book )
21
22 # 딕셔너리 비우기
23 book.clear ( )
24 print ( book )
```

```
{'name':"EzPython', 'year':2024, 'writer':'Ez'}
{'name':"EzPython', 'year':2025, 'writer':'Ez'}
dict_keys(['name', 'year', 'writer'])
dict_values(['EzPython', 2025, 'Ez'])
{'year':2025, 'writer':'Ez'}
{}
```

13. 딕셔너리

퀴즈

1. 딕셔너리에 대한 설명으로 옳지 않은 것은 무엇일까요?
   ① 사전처럼 설명이 붙어있는 형태이다.
   ② { }로 묶는다.
   ③ key : value 형태이다
   ④ 순서가 중요하며, 중복은 모두 표시한다.

2. 다음 코드의 실행 결과로 알맞은 것은 무엇일까요?
   ```
   dic = { 1 : 'a' }
   dic [ 2 ] = 'b'
   print ( dic )
   ```
   ① [1, 2]   ② { 'a', 'b' }
   ③ { 1 : 'a', 2 : 'b' }   ④ 오류가 발생한다.

3. 다음의 Ann의 학교기록에 '4학년' : ' 3반'을 추가하려면?
   Ann = { '1학년' : '6반', '2학년' : '3반', '3학년' : '1반' }
   ① Ann ['4학년'] = '3반'   ② Ann { '4학년' : '3반' }
   ③ Ann ['4학년' = '3반']   ④ Ann { '4학년' } = '3반'

답   1.④ 2.③ 3.①

13. 딕셔너리

4. 다음 코드의 실행 결과로 알맞은 것은 무엇일까요?

```
Ann = { '1학년' : '6반', '2학년' : '3반', '3학년' : '1반' }
del Ann [ '3학년' ]
print ( Ann )
```

① { '1학년' : '6반', '2학년' : '3반', '1반' }
② {'1학년': '6반', '2학년': '3반'}
③ { }   ④ 오류가 난다.

5. 다음 딕셔너리에서 key를 모두 출력하려면?

```
cat = { 'age' : 8, 'name' : 'Coco' }
print ( cat_____( ) )
```

① .keys   ② .values   ③ .all   ④ .get

6. 딕셔너리를 모두 삭제하려면?

```
cat = { 'age' : 8, 'name' : 'Coco', 'address' : 'Busan' }
cat_____ ( )
print ( cat )
```

① .set   ② .del   ③ .remove   ④ .clear

답 4.② 5.① 6.④

13. 딕셔너리

미션

검은 수염의 금화는 지금 어디에 ~ ?

서인도제도의 한 섬에서 우연히
17세기 전설의 해적, 검은 수염의 보물선으로 보이는 물체 3개가
레이다에 잡혔어요.
보물선 위치의 경도, 위도, 바다깊이 정보를
가장 적당한 데이터 구조로 저장해보세요.

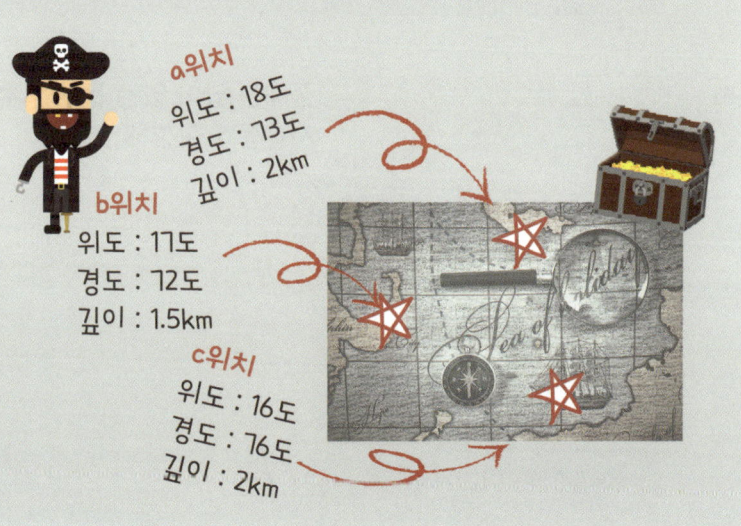

a위치
위도 : 18도
경도 : 73도
깊이 : 2km

b위치
위도 : 17도
경도 : 72도
깊이 : 1.5km

c위치
위도 : 16도
경도 : 76도
깊이 : 2km

정답은 p.346에 있어요.

정답 (미션)

p.30

정해진 답이 없는 문제입니다.
자유롭게 작성해 보세요.

print ("저는 이지입니다. 파이썬을 잘 하고 싶어요.")

p.31

정해진 답이 없는 문제입니다.
자유롭게 작성해 보세요.

print ('내 취미는 바로', ' 독서')

p.32

정해진 답이 없는 문제입니다.
자유롭게 작성해 보세요.

print ('김밥', '샌드위치', '딸기')

p.33

만회장의 주민등록증을
자세히 보세요.

생년월일을
8자리 정수형으로
출력해 봅니다.

print (19601120)

p.58

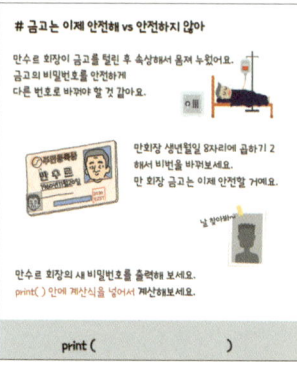

print ( )의 괄호 안에 연산 기호를 사용해 바로 계산할 수 있습니다.

만회장의 생년월일인 8자리 숫자 19601120에 곱하기(*) 2를 하면 39202240이 출력됩니다.

print (19601120 * 2)

p.59

여러 가지 답이 가능합니다.

print (2 ** 4 + 8)
print (100 % 76)
print (120 // 5)
print (6 * (3 + 1))
print ((12 * 4) // 2)

다양하게 더 시도해보세요

print (120 // 5)

p.90

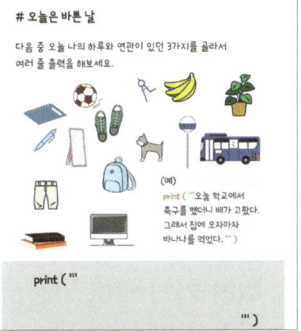

정해진 답이 없는 문제입니다. 자유롭게 작성해 보세요.

print ('''오늘 아침에 일어나서 화분에 물을 주고 가방 메고 신발 신고 학교로 출발했습니다.
버스 정류장에서 축구공을 든 친구를 만났어요.
오늘 학교 수업 끝나고 친구랑 같이 축구할래요.''')

p.91

십자말 빈 칸에 들어갈 말은 '좀비'입니다.

print ("좀비")

p.109

문자열 연산을 연습하는 미션입니다.

좌측 글자 그대로 출력되도록 연산 기호에 주의해서 작성해 보세요.

여러 가지 답이 가능하며, 아래는 예시 답입니다.

```
print('*'*15)        # '*' 기호를 15번 곱해줬어요.
print('주륵 '*6)      # 주륵 옆에 공백이 있어요.
print("소풍날인데 비가 오네. ㅠㅠ")
print()
print("소풍 장소는 에버월드")
print("우리 조 4명의 총 입장료는:", 8000, "원")
print('엄마가 "조심해서 다녀와"라고 말씀하셨다.')
print('_^'*10)       # '_^' 기호를 10번 곱해줬어요.
```

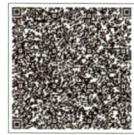

휴대폰으로 QR코드를 찍어보세요.
전체 코드가 들어있어요.

p.160~1

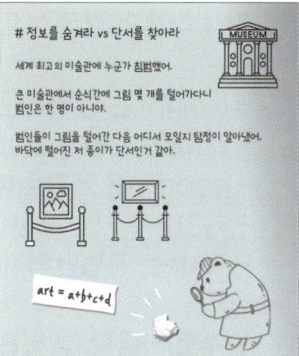 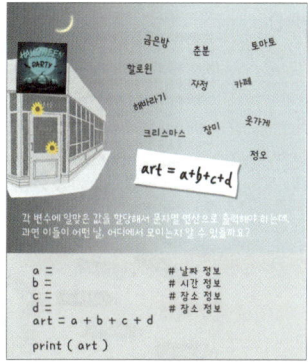

범인들이 만나기로 한 장소는
해바라기 그림이 붙어있는 카페인데,
마침 할로윈 파티를 하고 있네요.
달이 떠있는 것으로 보아 시간은 밤인거 같아요.

```
a = '할로윈'
b = '자정'
c = '해바라기'
d = '카페'

art = a + b + c + d
print ( art )
```

출력 결과

할로윈자정해바라기카페

p.180

각각 다음과 같은 이유로,

- a fight는 공백 때문에
- 12ab는 숫자가 앞에 와서
- good^^은 ^ 기호 때문에
- *_21은 * 기호 때문에
- True는 문법단어여서

변수로 사용할 수 없습니다.

변수로 사용 가능한 것은 total, userAge입니다.

```
userAge = 23
total = 21
print ( userAge )
print ( total )
```

```
출력 결과
23
21
```

p.181

변수를 선언하고 값을 할당하는 문제입니다.

변수 이름과 할당할 값을 잘 연결해서 작성하세요.

```
crane = 'vial'
fox = 'dish'
print ( '두루미는', crane )
print ( '여우는', fox )
```

출력 결과

두루미는 vial
여우는 dish

p.195

좌측의 코드는
주석 표시가 되어있지 않아
실행하면 오류가 생깁니다.

주석으로 생각되는 곳에
표시를 해서
실행해도 오류가 나지 않도록
해주세요.

```
#오늘의 점심 메뉴
a = '옥수수'          #당나귀 점심
b = '바나나'          #원숭이 점심

#당나귀에게 a를 5개 주시고요.
print ( '당나귀는', a , 5 )

#원숭이는 b를 2개 주세요.
print ( '원숭이는', b, 2 )
```

출력 결과

당나귀는 옥수수 5
원숭이는 바나나 2

p.215

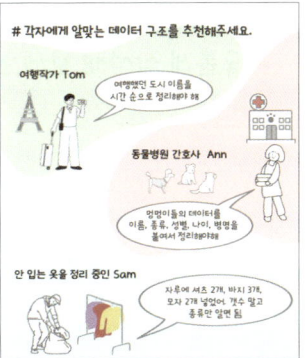

순서가 중요한 데이터는
리스트로,

부가 정보를 덧붙여야 하는
데이터는 딕셔너리로,

갯수 말고 종류만 알면 되는
데이터는 세트가 알맞아요.

Tom은 리스트, Ann은 딕셔너리, Sam은 세트

p.238

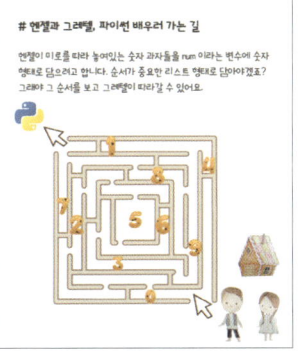

미로를 따라가면서
만나는 숫자를
변수 num에
리스트로 담으세요.

num = [0, 2, 5, 3, 9, 8]
print (num)

p.239

정해진 답이 없는 문제입니다.
자유롭게 작성해 보세요.

```
favor = [ ]                              # 빈 리스트 생성
print ( favor )

favor.append ( "여행" )                  # 1개 추가
print ( favor )

#여러 개 추가
favor.extend ( [ '축구', '고양이', '아이스크림', '빵' ] )
print ( favor )

favor.sort ( )                           # 리스트 정렬
print ( favor )

favor.reverse ( )                        # 리스트 뒤집기
print ( favor )

favor.remove ( '아이스크림' )            # 1개 제거
print ( favor )

favor.clear ( )                          # 리스트 비우기
print ( favor )
```

p.253

순서가 중요한 데이터는
리스트로,

부가 정보를 덧붙여야 하는
데이터는 딕셔너리로,

갯수 말고 종류만 알면 되는
데이터는 세트가 알맞아요.

a = ['밥', '김치찌개']
b = ['물']
c = ['시계', '학생증']
d = ['캔디']
e = ['축구공', '축구화']
f = ['소설책', '수필책']
g = ['노트', '볼펜']
h = ['쿠키', '아이스크림']

Sam = d + h   # 간식 먹고 싶은 Sam
Jisung = b + e   # 뛰어놀고 싶은 Jisung
Suji = a + b   # 배고픈 Suji
Minsu = f + g   # 독후감을 써야하는 Minsu

p.279

증거를 보존하라   # 만수르

만수르 회장 집 금고털이 사건에 대한 수사가 시작되었어요.
경찰은 CCTV를 확보하고 증거를 모으고 있어요.
CCTV에 찍힌 범인은 검은 머리에 운동화를 신고,
비번이 적힌 메모를 남기고, 택시를 타고 도망갔어요.

경찰이 찾은 증거들은 잃어버리거나 훼손되면 절대 안돼요.
다음에서 증거가 아닌 건 버리고
결정적인 증거들은 튜플로 보관하세요.

증거들을 evid라는 변수이름으로 선언하고 튜플로 담아보세요.

범인은 CCTV에 사진이 찍혔고, 발자국 증거와 메모들을 남기고 갔네요.

```
evid = ( '발자국', '사진', '메모' )
print ( evid )
```

p.301

햄버거 세트 먹어야지.

저기요~ 주문할게요.
빵은 호밀빵으로 주시구요 (빈 세트에 호밀빵 추가)

치즈, 상추, 토마토, 그 위에 다시 치즈, 상추, 케찹 추가해 주세요.
(여러 개 추가)
콜라도 추가해주시구요. (1개 추가)
후렌치 후라이도 추가해 주세요.(1개 추가)
여기까지 주문하고 한번 출력해 볼게요.

아, 햄버거에서 토마토는 빼주세요.
다시 출력해볼게요.

그리고, 다 먹었어요.
세트 좀 비울게요. 출력해서 확인~

순서가 중요한 데이터는
리스트로,

값의 수정이나 변경이
안되게 하려면 튜플로,

갯수 말고 종류만 알면 되는
데이터는 세트가 알맞아요.

```python
# 빈 세트 생성
burger_set = set()

# 호밀빵 추가
burger_set.add("호밀빵")

# 치즈, 상추, 토마토, 그 위에 다시 치즈, 상추, 케찹 추가
burger_set.update(["치즈", "상추", "토마토",
                   "치즈", "상추", "케찹"])

# 콜라 추가
burger_set.add("콜라")

# 후렌치 후라이 추가
burger_set.add("후렌치 후라이")

# 첫 번째 주문 출력
print("첫 번째 주문:", burger_set)

# 토마토 제거
burger_set.remove("토마토")

# 변경된 주문 출력
print("변경된 주문:", burger_set)

# 세트 비우기
burger_set.clear()
print(burger_set)
```

휴대폰으로 QR코드를 찍어보세요.
위 코드가 들어있어요.

p.331

설명이 붙은 데이터 형식인
딕셔너리를 사용해서
해당 정보들을 정리해보세요.

```
a = { '위도' : 18도, '경도' : '73도', '깊이' : '2km' }
b = { '위도' : 17도, '경도' : '72도', '깊이' : '1.5km' }
c = { '위도' : 16도, '경도' : '16도', '깊이' : '2km' }
print ( a )
print ( b )
print ( c )
```

설마 여기서
파이썬 공부를
중단하는 건
아니죠?

〈이지파이썬 2〉로 이어집니다.

이지파이썬 1, 2권을 마쳤다면, 도전해보세요.

파이썬프로그래밍 능력검정시험 3급

한국직업능력연구원 민간등록자격 / 등록번호 제2021-005578호

www.ai-test.org
에서 응시하세요.

온라인으로 인공지능
감독하에 보는 시험이에요.